直言

荒井聰の体験的政権交代論

荒井 聰
Arai Satoshi

共同文化社

はじめに

この本を手に取っていただき有難うございます。政治不信が叫ばれる昨今、それをつくりだした自分たち政治家の不甲斐なさに歯噛みする思いです。政権交代が起きていたら、その政権が長期政権であったなら、今のような金にまつわる不祥事は起きていなかったと悔やんでいます。

現職議員を引退し、野党と与党、大臣を経験した自分だからこそ語れることがあると思い、この本を上梓しました。どうかこの国をよりよくする一助になることを願っています。政治家となって、または官僚となって国の仕事をしたいと思う人にも読んでもらえればうれしいです。

❖政権交代の鍵は野党結集にあり

2024年の日本の政治状況は、1993年のそれと驚くほど酷似している。1993年とは、私が自民党政治に代わる新たな政治体制を作り出すとの「願い」を実現すべく、ありとあらゆる努力と知恵を傾け尽くすことを「誓」い、決断した年だ。私の確固たる「誓願」は形を成し、第40回衆議院議員選挙に初当選し、衆議院議員となった。以来引退までの28年間に政権交代を二度、いずれも政権の中枢で経験、体験してきた。

この時、同じく日本新党で初陣を飾ったのは、海江田万里、野田佳彦、前原誠司、枝野幸男、そして茂木敏充、小池百合子だった。この年の選挙で自民党は政権を失い、細川連立政権が誕生した。私は細川政権与党の中軸を担った。あんがい政権交代は容易だと誤解した。しかしその後、政権交代がいかに困難なものか、権力を維持することが並大抵でないことを知ることになる。

一方この年、岸田文雄もまた父岸田文武衆議院議員の秘書を経て、父の地盤を引き継ぎ衆議院議員になった。彼には盤石と映った自民党政権、しかも保守本流の宏池会政権である宮澤喜一政権。しかし、思いもよらず砕け散ったのである。自民党内は羽田孜衆議院議員を中心とする政治改革派と伝統的政治手法を重んじる非改革派が、政治改革関連法案をめぐってしのぎを削っていた。両派の調整に失敗した宮沢は、党内に公約としていた政治改革関連法案を提出できなかった。この結果、羽田孜、小沢一郎、武村正義など改革派が離党し自民党は分裂した。このことが宏池会の正統な後継者たらんとした若き岸田に、深い後悔の念として刻まれたのではないか。

今、問題となっている裏金問題の本質は、裏金が何に使われたのか、その使途先はだれか（おそらく関係地方議員）、それをどう処理をしたのかが本筋だったはずだ。それを解明せず出された今回の法案は、拙速で拙劣なものとなった。その理由は31年前のトラウマのなせる業だったと思える。現在は過去の結果である。

さて、日本では何故政権交代が起きにくいのか、次の政権交代者にはぜひ実行してもらいたい政策などを併せて本書に記した。自民党政権が復帰してそろそろ12年、次の総選挙で政権交代が起こせると信じている。別表のように、議席数では与党が過半数を上回っていても、得票数では常に野党が上回ってきた。野党が結集すれば、政権交代は成しえるのだ。１９９３年の政権交代では7党1会派が結集した。今回はその時より少ない、せいぜい3から4党である。結集できないはずがない。すでにその例は細川連立政権の実現で示した。今度は現役諸君の番だ。私だけでなく国民が期待している。

2024年は世界中、選挙の年だ。

日本が議会制民主主義のモデルとした英国の総選挙、日本の同盟国である米国での大統領選挙。しかもいずれも旧来の例と異なる政治刷新の新たな風が吹こうとしている。

表　1992年以降の衆議院総選挙における与野党別得票数

回次	選挙期日	与党（注1）	区分	与党得票数（率）	野党得票数（率）
40	1993年7月18日	自由民主党⇒**下野**	中選挙区	（注2）22,999,646 (36.6%)	39,804,498 (63.3%)
41	1996年10月20日	自由民主党・社会民主党・新党さきがけ	小選挙区	23,804,389 (42.1%)	32,724,032 (57.8%)
			比例代表	22,335,288 (40.1%)	33,233,907 (59.8%)
42	2000年6月25日	自由民主党・公明党・保守党	小選挙区	27,408,023 (45.0%)	33,474,447 (54.9%)
			比例代表	24,952,791 (41.7%)	34,891,810 (58.3%)
43	2003年11月9日	自由民主党・公明党・保守新党	小選挙区	27,767,421 (46.6%)	31,734,952 (53.3%)
			比例代表	29,393,629 (49.7%)	29,709,198 (50.2%)
44	2005年9月11日	自由民主党・公明党	小選挙区	33,499,494 (49.2%)	34,566,797 (50.7%)
			比例代表	34,875,418 (51.4%)	（注3）32,935,651 (48.5%)
45	2009年8月30日	自由民主党・公明党⇒**下野**	小選挙区	（注2）28,084,966 (39.7%)	42,496,713 (60.2%)
			比例代表	26,864,224 (38.1%)	43,506,031 (61.8%)
46	2012年12月16日	民主党・国民新党⇒**下野**	小選挙区	13,715,958 (23.0%)	45,910,609 (77.0%)
			比例代表	9,699,500 (16.1%)	50,480,388 (83.8%)
47	2014年12月14日	自由民主党・公明党	小選挙区	26,226,838 (49.5%)	26,712,951 (50.4%)
			比例代表	24,973,152 (46.8%)	28,361,295 (53.1%)
48	2017年10月22日	自由民主党・公明党	小選挙区	27,333,229 (49.3%)	28,088,963 (50.6%)
			比例代表	25,533,429 (45.7%)	30,224,123 (54.2%)
49	2021年10月31日	自由民主党・公明党	小選挙区	28,499,166 (49.6%)	28,957,866 (50.4%)
			比例代表	27,029,165 (47.0%)	30,436,813 (52.9%)

（注1）各衆議院総選挙執行時の内閣を組織する各大臣の所属政党を与党とし、その得票数を与党の得票数、（得票総数－与党の得票数）を野党の得票数とし、過半数を超える方を網掛けした。得票率は、小数点第2位を四捨五入した。［著者作成］
（注2）与党が下野した選挙では、与党得票数（率）が40%を下回った。
（注3）概ね一貫して野党の得票数（率）が過半数を超えているが、2005年の小泉郵政選挙の比例代表のみ、与党が野党票数を上回った。

直言　荒井聰の体験的政権交代論　もくじ

第2章　政権交代を担う政治家の育成

第3章　国の形と私の携わった大型の政策

＊なお本編において、氏名については敬称を略させていただいた。

第1章 政権交代の経緯

金丸事件から四元義隆の知事連合構想。1993年、清新な細川護熙を旗印に、小沢一郎の仕掛けによる7党1会派から成る非自民連立政権が樹立。選挙制度改革を成し遂げるが、社会党およびさきがけの離脱によって政権は崩壊。2009年、総選挙で本格的な鳩山由紀夫民主党政権の誕生。さらに菅直人政権での小沢との対立を経て、野田首相による突然の衆院解散。民主党は議席の3分の2を失う大敗北で、政権は自民党に回帰。民主党の分裂と立憲民主党による野党の立て直しに著者は何をなしたか。

1992年、金権政治が跋扈し多くの政治を志す人が自民党に失望し決起した。私の政治家のスタート時点でもある。日本のバブル崩壊はすでに始まっており、人々は急激な時代変化にさらされていた。

当時、金丸信自民党副総裁の政治資金規正法違反事件が持ち上がっていた。金丸が不透明な資金を取得し、それを報告していないとの事実が明らかになったのだ。にもかかわらず、検察庁は軽微な事件とみて在宅起訴と軽い処分で終わらせた。

しかしこれに猛然と反旗を翻したのが札幌高等検察庁の検事長佐藤道夫だった。「法の下の平等の原則に反する」。金丸信が自民党の実力者なので検察が捜査に手心を加えたのではないかと批判し、朝日新聞に投稿したのだ。検察庁は長らく「検察一体」の原則が貫かれ、内部から捜査方針の異論を固く禁じていた。佐藤道夫はその禁を破って内部批判を繰り広げた結果、検察庁は佐藤の名古屋高検検事長昇進の内示を取り消したと言われている。世論は、権力者には法すらもおもねるのかと検察庁批判一色に覆われた。一般の市民から検察庁の庁舎看板に黄色のペンキが掛けられるという前代未聞の不名誉な事件まで起こり、東京地方検察庁は捜査のやり直しに追い込まれた。今度は所得税法違反の捜査だった。金丸信の家宅捜査を行うと、畳の下から金の延べ棒、巨額な無記名の社債が次から次に発見され、18億5000万円の所得を隠した巨額脱税事件で逮捕された。一連の捜査の中で大手建設会社による中央、地方へのヤミ献金事件が次々と明るみに出た。この事件以前から、自民党総裁選挙には「巨額の金が動いたのではないか」、「議員票の買収劇が行われたのでは」との風聞が絶え間なかった。

戦後政治を振り返ってみると、1955年の保守合同以降、自民党による事実上の一党独裁体制となったが、自民党内からの政権批判によって疑似政権交代が起きていたこともあり、国民やマスコミはそれで満足してしまった実態があった。また、衆院の中選挙区制度は自民党の候補者が派閥ごとに選出され、醜い派閥抗争や資金獲得抗争に繋がっていた。自民党の総裁選挙は公職選挙法の規制外ということもあり、無尽蔵のカネが裏舞台で飛び交った。その結果、自民党は金まみれの政党になる。それが与党自民党の内実だった。

一方、野党側は政権交代をするための努力をさしてしなかった。特に社会党は過半数の候補者擁立に消極姿勢で、資金や人材を独自に確保できず、労組に頼る選挙、政権交代よりは労組の組織を維持するための選挙に徹してしまっていると当時の私には見えた。

自民党や政治に対する国民の不信感が、金丸事件を契機に一気に噴出した。同時に「なぜ自民党政治にそれほどの巨額の資金が必要なのか」「なぜ選挙にかかる金が巨額となるのか」「この解決をしなければ日本の政治は瓦解する」と良識ある人々がそれぞれ立ち上がる契機となった。

自民党や政治に対する不信感もあって、佐々木毅東大法学部教授らを中心とする民間政治臨調が活発化し、その議論の中で選挙制度が中選挙区制であるからこそ金を使う。諸悪の根源である中選挙区制度を変えない限り金権政治はなくならない、という結論が導かれていく。私自身は政治家としての倫理観、総裁選に金が掛かるという点に大きな原因があったと思っており、必ずしも選挙制度だけではないと考えている。もっと言えば、お互い選挙公約に重点を置き、政策で議論するような選挙でなかったことも金権政治となってしまった原因だ。

1．政権交代可能な政治へ

民間政治臨調を中心に「小選挙区制度へ移行すべき」との声が高まる。これと連動するように、自民党の小沢一郎、羽田孜らからも小選挙区導入の動きが出て、自民党が二分した。また、同じ頃、日本労働組合総連合会（連合）が発足した。初代会長の山岸章は政権交代可能な野党の育成が使命だと連合を作り上げていく。最近はこの部分が揺らいでいるのではないかと心配している。

歴代総理の指南役と自他ともに任じていた四元義隆が政権交代が必要だと舵を切ったのは、竹下政権の発足にまで遡る。四元が最も信頼していた中曽根康弘総理が後継に竹下登を指名した。次期総理は順当に安倍晋太郎外相だと信じ、裏切られたその瞬間、私は四元の身近にいた。四元はめったなことで驚いたり落胆しないのだが、そのとき何かを決心したように思えた。一国の首相が党内選挙もなしに時の首相の一声で決まる。自民党のこの金まみれの体質が改められないのは、健全な政権交代可能な野党が存在していないからだ。ならば同志を集めてもう一つの政権交代可能な野党を創ろう、そう私に秘めた決意を四元は語ってくれた。

それから四元義隆人脈を駆使し秘かな勉強会が何度か持たれる。自民党の金満政治を断ち切るために何が必要か、どんな野党が必要か。参加した人は経団連会長の平岩外四、日銀総裁の三重野康、財界鞍馬天狗と異名を持つ興業銀行専務中山素平（後に頭取）たちが知恵を傾けた。

その結論は、「都道府県知事連合を母体とする新党の旗揚げ」だ。行政経験を持つ知事が数人集まって政党を立ち上げれば、自民党に伍する政党になるはず。本気で自民党に変わる与党になりうる政党を立ち上げようと、四元たちの地方の知事への評価は何度も続いた。その結果、打診したのは熊本県知事の細川護熙、北海道知事の横路孝弘、そして滋賀県知事経験者の武村正義だった。加えて福島県知事の佐藤栄佐久も加わっていたと聞く。細川には在野の優れた若者を、横路には社会党の中から国を変えようとの志を持つ人を、武村には自民党の中で日本の政治に危機感を持つ若き俊秀をそれぞれ同志として結集してもらおうとの構想だった。

説得の結果、細川は日本新党を作り、武村は自民党を離れ、新党さきがけを結党する準備に入る。

そうこうしているうちに、金丸信事件をきっかけに１９９３年、宮沢喜一政権は解散総選挙に打って出る。前年に結党したばかりの細川日本新党は、衆議員候補に57名の候補者を擁立した。また武村は、志を同じくする現職10名を束ね自民党を離党して新党さきがけから出馬した。残念ながらこの

四元義隆氏（写真家　井上和博氏撮影）

時、横路孝弘が率いるはずの社会党的塊はまだ未着手だった。

政党とは政治的な組織である。組織である限り、継続的に運営するためには「人材」と「資金」が不可欠の要素だ。

新しい自民党に代わる政党の結成も人材の見込みを得た。細川は松下幸之助の助力を得、松下政経塾の卒業生をリクルートする。その中に政経塾1期生の野田佳彦、8期生の前原誠司など後の民主党のリーダーとなる優れた人材が確保できた。問題は資金をどのように得るか、そこが難題だった。さきがけの候補者は現役国会議員なのでそれぞれが資金を拠出した。特にブリヂストンの創業家を母にもつ鳩山由紀夫の貢献は大きかったと聞く。一方、日本新党は、ほとんどを細川護熙が工面した。その際に佐川急便から借りた借入金を法的に処理する方法をめぐって、後日、野党自民党から激しい追及を受けることになった。新党の立ち上げは人材探しと資金繰りに翻弄される難題だった。それでも自分がやらなければ、この日本は変わらないという決意一つで皆が動いていた。

2. 細川非自民連立政権の誕生

総選挙終了後、日本新党と新党さきがけは合流することになっていた。それを前提に両党は統一会派を結成する。この総選挙は野党勢力が自民党を上回り、国民の総意として自民党を下野させることになった。だが、二大政党制とはほど遠く、自民党に落胆した人々の受け皿となった野党は7党1会派という基本政策さえ異なる政党の集団だった。それでも国民は非自民政権を望んだ、すなわち政権交代だ。そこで新生党の小沢一郎が野党7党1会派を取りまとめ、細川護煕総理を選出させるのだ。田中角栄の右腕で剛腕と恐れられた小沢一郎の面目躍如だった。政権の実質権力者は小沢一郎となった。官房長官も小沢グループで占めようとの意図は明らかだった。

そこで私は武村正義に直接会って、「あなたがぜひ官邸に入り細川さんを助けてください」と述べた。武村は「日本新党と新党さきがけは、政党として合流することになっている。自分が政府に入れば、いったい誰が両党の合流作業をするのだ?」と逆に問うてきた。私は「両党の合流は私と園田さんでやります。ですから武村さんは政府内で細川さんと協力してください。それでなければ小沢一郎さんの独断専行の傀儡政権になりかねません」と述べた。この時から小沢一郎、武村正義の相克が始まった。私は政権与党となった日本新党の代表幹事（幹事長）を任された。

この政権の主要課題は選挙制度改革であった。選挙に金がかかりすぎる、それが金にまつわるスキャンダルの元凶だと考えた。中選挙区という広い選挙区を隈なく回らなければならず、選挙資金も多額になる。選挙区内から2、3人が選出される中選挙システムでは、派閥に属した方が選挙支援を個別に得られる。また野心あふれる政治家は、総理を目指すとすれば影響力を及ぼすことの可能な、いわば部下となる政治家を増やさなければならない。派閥単位で候補者を支援するシステムが普通となった。この結果、派閥が党の力を越えるようになっていた。受かった候補者は上納金のような仕組みで派閥の長へ組織金を渡し、その資金がまた選挙時に派閥の長から候補者に分配されるという流れになっていた。金を握っていたのは党ではなく、派閥のボスだったのである。そこで、従来の中選挙区からイギリスのように小選挙区制度に改め、加えて政党に対して公的助成金を配分するとの一大改革であった。

これで金のかからない選挙が実現し、そして不透明な資金集めの必要がなくなるとの意図である。衆議院を通したこの法案は、しかしながら、参議院で否決される。そこで野党自民党総裁の河野洋平と細川護熙首相が党首会談を行った。雪の降る深夜、会談は妥結する。こうして金のかからない簡素で透明性の高い選挙制度ができた。そう安堵した。

しかし、人間の作ったものは、必ず欠陥がある。派閥への献金がなくなったことにより、党中央の権限集中が始まった。資金も公認権も党に握られてしまう息苦しさがあり、党内で自由闊達な論議さえ出来かねる風潮が強くなっていった。

それでも同時に政権交代は、様々な「意義」を生んだ。忖度を断ち切ったことだ。例えばアメリカから輸入していた血友病患者の治療に使用する血液製剤にＨＩＶウイルスが混入しており、その輸血を使った患者がエイズに感染するという事態に陥っても、なお厚生省は使用を禁じなかった。使用を許可した歴代大臣の責任となるため、後継大臣もまたその使用を止められなかった。それが政権交代することで初めて血液製剤の輸入を止めたのだ。

その後２００９年の政権交代時に民主党政権はデフレ宣言をする。それまでの自民党政権でも我が国の経済はデフレ状態にあることは理解していたはずだが、歴代の経済政策を否定することにつながるためデフレ宣言はできなかった。しかしデフレの認識がなければ経済政策の大転換はできない。誰もが変えなければいけないと薄々気がついていたとしても、政権交代という大鉈を振るわなければ変わることができない。自民党にも良心を持って政治を進めている議員はたくさんいるが、組織の一員である限り忖度が産む弊害を取り除くのは、並大抵のことではできない。政権交代の循環は、今までのしがらみを断ち切り正しい道に進むためだ。

3. 細川政権の挫折

7党1会派からなる細川連立政権は選挙制度改革の成立後、その求心力を失っていく。一つの党でも意見をまとめるのは至難の業だが、別の党が連立した政権なら尚更と言っていい。首相になったのができたばかりの小さな日本新党からだったせいもあり、権力闘争にさらされると弱かった。

1994年になり、突如、国民福祉税構想が出てきた。細川首相は2月3日未明に突然記者会見し、消費税（当時は3％）を廃止して、福祉目的の税率7％の国民福祉税に衣替えすると発表した。細川首相と小沢一郎、通産省事務次官熊野英昭、大蔵省事務次官の斎藤次郎が練り上げていた。この件について、武村官房長官も社会党をはじめ連立の各政党も全く知らされていなかった。しかも、記者会見で細川首相は7％の根拠を聞かれ「腰だめの数字」と答えてしまった。社会党やさきがけが大反対し翌日、撤回せざるを得なかった。細川の準備不足が露呈した。細川、武村の亀裂は修復不可能となった。

細川は4月に東京佐川急便からの1億円借金問題などで、突然、総理を辞職してしまった。

非自民連立与党は、新生党代表の羽田孜を後継首相に決めたが、さきがけは小沢への不信感で連立を離脱し、閣外協力に転じた。小沢らが羽田政権成立直後に突然、社会党抜きの統一会派を結成した

日本新党を離党し民主の風を結成、この後さきがけに入党

ため、社会党も連立離脱を決めた。一連の騒動で、日本新党から大量の離党者が出た。私もこの時に離党し、さきがけに参加した。小沢一郎は日本新党が大分裂するのを覚悟したのか、5つのグループに分けて食事をしながら分裂回避の説得をした。小沢一郎と協調する度合いで日本新党メンバーを5段階に分けたのだ。小沢一郎の政治力に賛同する程度でのグループ分けと言ってよい。私や私に近い前原、枝野、武村の秘書であった高見などは距離のある最後のグループに。ただしどのグループとも同じ中華料理店での会食、料理では差別しなかった。この前後、細川護熙と小沢一郎は、自民党を分裂させるため渡辺美智雄に首班を働きかけた。細川は料亭政治（密談ができる工夫がされている）を拒否していたので、人知れず密会する場所を探すのに難儀した。赤坂のプリンスホ

テルに会談するフロアーを全室借り切っての会談となった。しかしこの工夫も記者が渡辺美智雄と細川護煕の車を見つけ、密談の事実が明らかになった。渡辺美智雄は自民党からの離党を断った。羽田孜総理は、解散総選挙を意図したが、小沢一郎に阻まれる。小沢は海部俊樹を自民党から離党させて次なる首班と考えていたのだ。こうして小沢は、自民党以来共に歩んできた羽田孜とも決別した。少数与党となった羽田政権はわずか64日の短命内閣に終わった。一方、新党さきがけ、社会党は自民党との連携方針を選択した。村山富市首班である。

4．村山政権成立の経緯と崩壊

羽田政権崩壊の後に誕生したのが村山政権。自民党、社会党、さきがけの三党連立政権となった。自民党の亀井静香と野中広務が社会党左派の村山富市を担ぎ出した。このあたり、自民党のベテランは非常にやり手だ。村山は首相就任に逡巡していたが、後押しをしたのが自治労の後藤森重だった。自治労委員長の後藤は置戸町出身でもともと旧知の横路孝弘を総理にと考えていた。実現のため自治労北海道本部の有能な書記秋元雅人を東京に送り込んでいた。ところがこの時まだ横路は、知事を途中でやめる決心ができていなかった。私や前原、枝野、高見でこっそり北海道に飛び、知事公館で横路と会談したが、首肯せず説得は失敗した。結局、村山に総理候補になってもらうしかなかった。

日本新党から離党し、さきがけに入った高見裕一、枝野幸男、前原誠司、そして私の四人が、風呂に入っている村山に「大事な話があるから出てきてほしい」とプリンスホテルの一室に呼び出し、1、2時間くらいかけて説得した。泣き所は「あなたしかやる人いないじゃないか。自民党の誰かが総理になったら我々さきがけは抑えられない。社会党も納得できない。だいたい政党の党首というのは、権力を握るためにある組織でしょ。政党の党首になったということは総理になる準備をしているということを決断したということではないですか」と言って説得した。

村山からは「どうしてもできないことがいくつかあり、一つ目は政権を運営したことがない、二つ目は社会党の基本政策である自衛隊が違憲であり、日米安保も反対であること、三つ目は消費税も反対であるが、いずれも政権運営するとすれば賛成せざるを得ない。これをやれば、社会党が存在しなくなる」と話した。私たちは「それを乗り越えることが政党の代表ではないですか。あなたしかいない」と説得した。ついに村山政権が誕生した。村山は相当な決断をせざるを得なかっただろう。このことは、日本に自衛隊、安保条約が憲法違反だとする政党が、共産党以外なくなったことを意味する。官房長官は五十嵐広三、外相に河野洋平、蔵相に武村正義、厚相に井出正一となった。

だが、戦後50年の1995年1月、阪神淡路大震災が発生。3月にはオウム真理教による地下鉄サリン事件、さらに函館空港ハイジャック事件など大事件が相次いで発生し、対応に追われた面もあった。同年7月の参院選で社会党は大敗。心労が祟った村山は改造内閣を経て翌96年1月、退陣を表明した。

5．村山連立政権の成果

（1）平和決議と「村山談話」

しかし、短い在任期間でも村山政権は大きな成果を出した。一番大きかったのは、終戦50年の節目になることから、先の大戦の総括、特に社会党の村山総理の平和決議（歴史を教訓に平和への決意を新たにする決議）だ。これを国会決議した。この決議は私と自民党の加藤紘一、社会党の政策審議会長の関山信之の三人担当となった。作業部会は自民党右派の虎島和夫、社会党が左派に属する上原康助、そして私が選ばれた。自社さ政権の最も難しい課題。当然自民党と社会党との意見は相当の開きが出てくる。両党の調停をするのは荒井が適任だと武村が選んだのだろう。しかし、議論は荒れるだろうと覚悟したのだが、思ったほどではなかった。虎島は長崎で被爆者、上原は沖縄戦の経験者。平和に対する思いは共通していた。自民党内に妥協過ぎと反対意見を抱えながら、「植民地支配、侵略行為に思いをいたし、深い反省の念を表明する」との表現で決議することになった。衆議院は可決したのだが、参議院は自民党の村上正邦が反対をして提出すらできなかった。

したがって、この決議は片肺の決議ということになり、その意味では残念な結果になった。その後、閣議決定した村山首相談話は、それを補うようなかたちで侵略行為と植民地支配、深い反省と言う言葉を述べ、これがその後歴代総理談話につながった。この談話がなければ侵略行為と植民地支配、深い反省という中国や韓国をはじめとするアジアの人々が納得するようなアジア外交の基本となるものはできなかった。

(2) 不良債権処理

もう一つ大きな成果は1996年の不良債権処理である。この時の国会は住宅金融専門会社の処理が争点となっており、いわゆる「住専国会」と呼ばれていた。中でも農林系金融機関を中心に不良債権が積みあがっており、金融の連鎖倒産を招くのではないかというところまで追い込まれていた。結果として6850億円の公的資金を投入することになるが、これに小沢一郎党首の新進党が大反対をして国会が混乱、この経緯の中で北海道拓殖銀行が破綻した。

当時の蔵相は、さきがけの党首でもある武村正義。武村から「荒井、今国会は大変な国会になる。ついてはお前、大蔵委員会の筆頭理事をやって俺を助けてくれないか」との依頼があった。農林系金融機関を中心に不良債権が積みあがっていたので、私は農林水産省と大蔵省のはざまになると直感し、当時農水省事務次官だった上野博史に相談した。私が農水省で係長をやっていた時の直属の課長補佐だった。「今度の住専国会で筆頭理事をやってくれないかと党首から言われている。恐らく農林省との間で果たし合いになると思うのですが」と伝えると、上野は「荒井、農協系の金融機関の不良債権問題は俺たち現役が片づける問題だ。お前は下手な族議員になる必要はない。自分の本当にやるべきことをやれ」と言ってくれた。私が政治家になってからの一番重たい言葉はこの上野博史元次官の一言だった。武村にその話をしたところ、「そうか。ならば、もう一人さきがけから大臣を出している。その大臣を助けてやってくれないか。厚生大臣の菅直人だ」ということで、これをきっかけとして、菅直人との人間関係ができていく。

(3) 薬害エイズ問題の対応

薬害エイズ訴訟の和解を成し遂げた。和解の諸条件を作るのに私がかかわった。

詳しくは5章P174に記した。

(4) アイヌ新法、NPO法の成立、介護保険制度の導入

法案が成立するのは村山政権ではなく、その後の橋本政権だが、介護保険の基本設計は村山政権で作った。これに私も関わっていて、今でも「この介護保険の法律をつくるために地元に帰れなくて、選挙に負けたんだ」と公言しているほど、打ち込んだ法案となった。

また、私が関わったものとしては1997年に制定されたアイヌ新法がある。官房長官は五十嵐広

三で、彼が起案したものに池端清一、鳩山由紀夫、荒井の三人で初代のアイヌ新法をつくることになる。

1998年には特定非営利活動促進法（NPO法）も成立。当時のNPOは市民グループみたいなものだと自民党の中で捉えられていたので、こういうものを認めていく雰囲気はなかったが、自民党政調会長だった加藤紘一が連立政権の調整機能として一生懸命やってくれた。その中で成立した法と言える。詳細は5章P172に記した。

6．さきがけ解体の引き金と民主党結成の経緯

(1) 道内経済界からの道知事待望論と民主党結成のいきさつ

さきがけ解体について触れておきたい。さきがけ結党の資金は主として鳩山由紀夫が出したが、その割に優遇されていないという不満を持っていた。ただ、鳩山が出した資金はさきがけ解体の際に返還されたと聞いている。

その前後で、北海道経済界から鳩山知事待望論が浮上、これに対し鳩山も意欲を示す。私が経済界と鳩山の伝達役を引き受けた。1994年12月暮れも迫るころ、戸田一夫道経連会長（北電会長）から電話があった。「荒井さん、鳩山さんにご確認ください、鳩山さんのため知事選の選挙資金を確保

しました。もし立候補しないのであればこの資金は、拠出したところに返還しなければなりません。返還せずこのまま留め置いてよいのか否か返事をいただきたい」。私は「その返事は鳩山さんにとって重たい返事になりますね」と答えた。鳩山にそのまま伝えた。鳩山の返事は「そのまま留め置いてください」だった。それを聞いたとき私は「鳩山さん、その返事は重いですよ、いいのですか」と念を押した。経済界は鳩山にその気があると見越して、知事選のための選挙準備を本格化させた。選挙がいつでもできるような体制も組んだ。

当時は自社さ政権だったので、鳩山は自民党と社会党で候補者を一本化するかもしれないという気もあったのかもしれない。ただ、横路の後継は堀達也副知事が既定路線だったので、候補者の一本化はありえなかった。結局、自治労の後藤森重以下、選挙のベテランが鳩山の弱みを調べ、「選挙に出ても勝てない」と言って、鳩山をあきらめさせた。

鳩山は道知事選立候補を断念するが、選挙資金を集め、体制を組んでいた経済界のうち、戸田一夫、JR北海道社長の大森義弘、北洋銀行の頭取だった武井正直と選挙体制の事務局長役のもう一人が鳩山擁立経緯について、1995年2月大蔵大臣室にさきがけ党首の武村へ説明に来た。「このまま鳩山さんが知事選を辞退すれば、北海道経済界と新党さきがけとの信頼関係は崩れます。荒井さんの選挙にも差しさわりがあります」と伝えていた。そこに同席していたのが、さきがけ結党の立役者であった田中秀征だった。田中は北海道の一流の経済人たちをそこまで巻き込んで突然止めたのは無責任だ、と鳩山を面前で叱責したようだ。

後日、鳩山になぜ知事選をあきらめたかと問うと「荒井は北海道で困ったとき、親身になって相談できる同級生や親友がいるだろうが、俺にはいないんだよ」としんみり語った。鳩山は北海道室蘭・苫小牧を中心とした北海道4区（当時）を選挙区にしていたが、北海道育ちではなかった。

プライドの高い鳩山は、これ以降、武村、田中との間に決定的な溝が出来てしまう。その後、民主党立ち上げに進むが、その際にエイズ問題で一世を風靡した菅直人だけに声を掛け、武村、田中やその他さきがけの同期生を排除して立ち上げる。確かに、武村は呼ばないとしても、鳩山と一緒に自民党を出てやってきた園田博之や井出正一などは彼のことを悪く思っていなかったから、そうした人たちも排除したことは意外だった。

結局、民主党は中堅議員がいないまま結党し、若手だけで党運営をしなければならないという宿命を負わされ、中堅議員を排除したことは野党最大の弱点として残った。

(2) 政党の本質を理解していた小沢一郎

政党は現実の組織であり、理想、政策を実現させるための目的集団である。そして組織は資金と人材で動くので、具体的に「資金と人材」の獲得策を考える必要があるが、労組依存の社会党では限界があることは明白だった。資金と人材の獲得がなければ政党になりえない。政党の組織運営という意味では、労組や協同組合と類似していて、それら団体の幹部は政治家の素質を持っていると言える。また、会社経営とも類似していて、中小企業の経営者はターゲットを定め、人材と資金をどう配分するかを経験則から判断し企業を運営している。政党はこうした人たちによって作られなければならないが、それを知らずに、若い人たちは簡単に政党を作ってしまう。

こうした政党の本質を最も理解していたのは小沢一郎だ。彼は政治資金が極めて意味のあるもので、これが無ければ政党は機能しないということをよく知っていた。だからこそ、彼は組織内で資金が集まり動かすポスト、政府で言えば内閣官房長官、政党で言えば幹事長が資金の集まるところ。そうしたポストに執着心を持っていた。

さらに目的は明確で剛腕だ。彼は抜群のタフネゴシエーターだ。日本人で彼を超えるタフネゴシエーターはいない。ただ、日本的ではない交渉ぶりを見て「あいつとは付き合えない、仕事は一緒にできない」とうんざりしてしまうので、小沢が表に立って交渉すると失敗することも多い。本当は妥協するところは妥協する人なのではないかなと思うが、少なくとも交渉しているときは一切の妥協を許さない感覚で交渉をする人であることは間違いない。

(3) 中国共産党の発言から民由合併を決めるも

2003年4月、民主党は菅直人代表が中国共産党を訪問することになり、私も同行した。その時、中国共産党の王家瑞対外連絡部長から「自分たちも野党の動きについて関心を持っています。しかし、民主党は小沢さんに辟易しているでしょうから、小沢さんと妥協することはないでしょうね。それゆえに政権交代可能な政党をつくることは10年くらい先になるでしょう」と言われた。

私は民主党内で一、二を争うくらいの反小沢派だったが、それを聞いて「中国にそんなことを言わせていいのか」という思いから、２００３年に小沢の自由党と一緒になるため、中堅議員だった前原誠司や枝野幸男、野田佳彦を説得した。菅を党首にすると決め、民主党の岡田克也と自由党の幹事長だった藤井裕久と合流に向けた交渉をしたが、小沢は自由党が持っていた財産を明け渡す、あるいは一緒にすることについて最後まで抵抗し、資金合流を巡って合併が決裂しそうになった。私はこれで党の合併は無くなったと感じたが、最後の最後に菅が「それでもいい」と言って妥協する。

一方、小沢も党が一緒になった瞬間、小沢・横路合意をした。この動きを見て私は「小沢さんは熟練した政治家なのだな」とつくづく感じた。党の中では最右翼である小沢と最左翼の横路が手をつなぐ。合併してすぐにこれをやったわけだから、その間に入る人たちはまるで風呂敷に包みこまれるようにその中で結束していくしかない。そうした中で行われた２００３年11月の総選挙で、民主党は英国労働党ブレアの改革手法であるマニフェスト選挙を仕掛けた。この結果、自民党は２３７議席と政権を引き続き維持したが、民主党も１７７議席を獲得し、政権への足がかりを築いた。

7．政策のブラッシュアップ　マニフェストの見直し

マニフェストは２００３年、菅代表の時導入したものだ。もともと「宣言」という意味なのだが、政権政策と訳そうとの意見もあったが、新しい概念には新しい言葉が必要だと当時役員室長だった私が主張したものだ。それまで各党は選挙前、選挙公約を発表していた。与党自民党の公約は、「福祉の充実を図ります、〇〇〇の向上に努めます」などのアバウトなもの。一方野党社会党の選挙公約は、もう少し具体的なのだが似たり寄ったり程度。それは与党自民党には、必ず与党であり続けるのだから、後で批判されないようにそこそこであれば良い、野党社会党にはどんなに良いものを作っても政権党になれないのだから、口当たりの良いもの。国民もそのことを十分承知していたから、選挙公約に関心を寄せることは少なかった。

しかし政権をかけた選挙戦ともなれば、国民の判断の重要な要素は公約となるはずだ。そこで財源をどう生み出すか、いつまでに実現するかを織り込んだより具体的な選挙公約を作った。このマニフェストに候補者はサインをした。すなわち、まず党との契約を各候補者が行ったうえで、国民との契約である選挙に臨んだのである。

１９９７年選挙は消費税を２％上げて５％にするか否かを問う選挙。しかし与党議員の中でも自民

党候補者は、「私の見解は、消費税値上げ反対です、従って国会では反対を主張します」と堂々と訴えたのである（もちろん当選後は党方針通り賛成していた）。まじめな数少ない与党議員のみ消費税値上げの必要性を訴えるにすぎなかった。これではまやかしである。選挙に勝つための方便。これでは公約が軽んぜられるのも致し方がない。そこで候補者と民主党マニフェスト作成者（党代表）と契約のサインを行うことにしたのである。「マニフェスト」は政権獲得に貢献したのは事実であり、日本政治に根付いたかに見えた。

民主党マニフェスト

しかし、現実に政権を担って初めて、マニフェスト実現が困難なものがいくつか存在していることを認めざるを得なかった。認めるたびに解散総選挙をすることにはならない。もともと2003年マニフェストは5つの約束と2つの提言がなされたのだ。2009年マニフェストのように200以上マニフェスト項目だとはなされていない。しかしどちらにせよ、マニフェスト変更の政治的手続きを規定しなかったのは、手抜かりであった。

イギリスでは、その手段が確立している。それが党首討論なのだ。総理がマニフェスト変更を要請し、野党党首がその是非を討論によって明らかにしていく。この政治プロセスこそ大事だった。そのことが残念ながら我が国では疎んじられた。マニフェスト変更、是か非だけを論じ、どのような政治プロセスを持って変更し得るかを論じていない、従って変更するなら〝総選挙を行うべし〟のような極論が横行してしまう。マニフェスト変更論は、多分に政局的観点で論戦されている。国民にとって現実を知る機会を失しているのは不幸なことだ。

それにもかかわらず、かつて日本の政治でこれほど選挙公約の実現性について、選挙後に議論されたことはあったであろうか。この日本政治の選挙公約に関わる進化を止めてはならない。

マニフェストが実現できるか否かの論議は、結局、財源問題に行き着く。90兆円の国の歳出予算のうち国債費や年金などの義務的経費を除くと15兆円程度しか残らない。一方特別会計改革での財源ねん出策では、保有資産の取り崩しは一時的であること、一般会計からの繰り入れの見直しは一般会計15兆円の枠内であること。結局一般会計のうち削減可能な15兆円を2割削減できたとして3兆円、行政刷新でなかなか財源を捻出できなかった理由はここにある。

2009年マニフェストで国民が期待を寄せたのは、自民党政権末期におこなった「行き過ぎた新自由主義」の是正策であった。郵政民営化から起こった地域拠点の消失、労働者派遣法の見直しによる大量の派遣労働者。日本が誇った中産階級が減少し、アメリカに次ぐ格差社会となったことなどだ。これらの課題の解決策を国民は求めていたのだ。その解決策をマニフェストに規定して選挙に臨んだ。

8．二度目の政権交代と民主党政権の特徴

(1) いたずらな党内対決

さきがけと自由党との合併を経て、民主党という自民党に対抗できうる政党が誕生し、国民の信を得て2009年の衆議院総選挙で勝利、与党へと駆け上がった。野党勢力は、1993年以来二度目となる政権交代を実現し、ついに自民党から政権を奪取することができたのだ。四元と政権交代が必要だと誓った時から17年が過ぎていた。

首相は鳩山由紀夫、副首相（国家戦略担当）は菅直人だった。私は首相補佐官（国家戦略担当）を拝命した。小沢一郎は「政府は政権運営に未経験者ばかりだから行政に専念し、党運営は自分に委ねてほしい」とのことで、党幹事長に就任した。その結果、小沢は政調会や部会をも廃止してしまった。当初は、国家戦略担当大臣は政調会長を兼ねるという合意があったが、小沢はその構想を拒否した。それまでの政治家は政調会の一員や部会の一員として政治や政策に関与できていて、これが議会制民主主義の歴史だった。また、部会の廃止は閣議決定の事項について、部会の事前了承原則廃止も意味

する。自民党では今でも部会が力を持っているが、これは閣議決定の事項は事前に部会の了承を得るという原則を踏襲しているからだ。

民主党政権では政調会と部会を廃止してしまったことで、内閣に入っている政治家以外は政策形成に参入できなくなり、せっかく政治家になったのに政策に関与できない、何のために政治家になったんだ、何のために与党になったのかという不満が民主党の中で渦巻いていく。

また、民主党は東大名誉教授の宇沢弘文を座長としたシンクタンクを持っていたが、政調会や部会を廃止してしまったので、小沢はこのシンクタンクも意味がないとして廃止してしまう。この余波は政策形成力の激減につながった。

(2) 脱官僚、乱暴な政治主導の失敗

鳩山政権では脱官僚、政治主導の政策決定に特化した。脱官僚として事務次官会議を廃止した。また、事業仕分けを実施し、その象徴は蓮舫だったのだが、これらが重なり、霞が関とは全面対立となってしまった。

また、大きな柱の政策だったのが国家戦略室の創設だった。ここで政策や予算のコントロールをすることを目指し、行政組織法を改正して国家戦略大臣を置き位置づけしようとしていたが、なぜか小沢が反対して実現できなかった。小沢は「影の総理」になろうとして、実権を自分に集中させようとし

たのかもしれない。
典型例が農水省の土地改良予算であった。私が農水省構造改善局出身であることは財務省もよく知っていた。内示の直前「荒井さん、河川バランスを考えて土地改良予算を内示します、荒井さんには不満がないと思います」。私からは「ありがとう。ご苦労様」。その数時間後「あの内示内容は取り消しさせてください」と。「どうしたの?、今になって」「民主党内の事情です、調べてください」

土地改良予算は前年対比50%減になっていたのだ。9000億円に達する大型事業予算が前年から半額になったのは前代未聞だ。土地改良は自民党の大物であり、小沢の政敵であった野中広務衆議院議員が絶大な力を持っていた。野中の勧めで土地改良組織から推薦を受けた候補者が自民党から参議院選挙に出馬するのが慣例であった。そのこともあって小沢の怒りを買ったのだろう。すぐさま私は後輩の幹部を呼び、参議院選挙は取りやめること、「野中さんには小沢さんに膝を屈して土地改良予算の回復を陳情してもらうべき」だと伝えた。しかし小沢は、野中に会おうとしなかった、こうして予算の回復はできなかった。まさしく自民党勢力へのお仕置きだった。この時の恨みは土地改良勢力に長く続くことになった。

他方で、鳩山政権の最大のアキレス腱は外交経験の弱さだった。鳩山政権は沖縄普天間基地の沖縄県外への移転を公約にしていたが、実現できなかった。外務、防衛官僚が協力的ではなかった。当時私は総理大臣補佐官であったが、実際は副総理格で財務大臣の菅直人の補佐官を任じていた。予算委員会での答弁レクにも毎朝立ち会った。ほぼ予算委員会の見通しが立ったので、総理補佐官として鳩山に「外交政策の支援にあたります。さしあたっては、ハーバード大学教授のジョセフ・ナイに面会をします。彼は元国務副次官で対日安全保障政策の専門家です。彼は沖縄の辺野古への移設は抜本的解決にならないと考えてるとの情報もあります。3月末には面談します」。鳩山からは「そうか外務省に内密で訪米してくれ」。

ところがジョセフ・ナイから「3月はケンブリッジで1か月ほど特別講義の予定だ、イギリスのケンブリッジで会おう、急がないのであれば5月、ボストンのハーバード大学でもよい」との返事だった。それを鳩山に伝えると「そうか、間に合うかな」と意味深なことをつぶやく。結局予算が成立後の5月ボストンでのアポイントを取るのだが、その直前、鳩山は総辞職を決断した。菅直人政権の準備に入り、ジョセフ・ナイとの面会は断念した。その後アメリカ国務省筋から聞こえてきた情報では「日本も自民党一党の体制から政権交代の時代になった。民主党政権の政策を関心をもって注視しよう」と聞こえてきた。中国のミサイル性能が向上し、沖縄の基地は十分安全とは言えないとの安全保障環境が変わったのだ。

この点から中国本土と距離のある徳之島は普天間移設の適地としうる可能性があった。徳田虎雄が絶大な影響力を持っていた徳之島。子息の毅の仲人であった亀井静香衆議院議員、この人脈を使えば徳之島移設は可能な環境だ。鳩山政権がもう1年長続きしていれば、いや私自身がケンブリッジに行っていればと悔やんでいる。

そうした中で、鳩山が母から政治献金を受けていたことが判明、これらが原因で鳩山政権は行き詰まり、2010年6月、内閣総辞職となってしまった。民主党代表選で勝った菅直人が鳩山の後を受けて第94代内閣総理大臣に就任した。菅直人から「内閣を構成するから帝国ホテルに来てくれ」と連絡があった。行くとすでに仙谷由人衆議院議員が菅と話していた。内閣の構成の話は仙谷がリードしていた。「荒井さんには農水大臣を受けてもらいたい、官房長官は私がやる」。私から「菅さん、あなたの判断ですか？　そうですか、それなら官邸で菅さんをサポートできる戦略大臣にしてください。さらに私が使用できる部屋を用意してください」。こうして私は内閣府特命担当大臣（国家戦略担当）として、初入閣した。

後日、民主党内人事を決定することになった。幹事長には枝野幸男が予想されているとの報道が舞った。幹事長を仙谷グループの枝野にすれば、かつての細川政権崩壊のときの実力派議員に官房長官と党の幹事長を独占させると、党内の力のバランスが崩れる。政治的実力者は、いつでも閣内の最強ポスト官房長官と党内の最強ポスト幹事長を占めたがるものだ。私は菅に「枝野君は大臣に指名し、幹事長は海江田さんか鹿野道彦さんにやってもらうべきだ」と進言した。菅は一度は了解した。

しかしそれから数時間後、菅から電話があった。「テレビを見てくれ、いま朝日新聞の星浩編集委員が「『菅内閣の成否は枝野を幹事長に据えられるか否かで決まる』と発言している。枝野を変えることはできない」。私から「小沢グループや鳩山さんたちから強い反発を招きますよ。菅内閣は立往生を招くかもしれませんよ」と忠告したのだが無駄だった。

日本の首相は、直接、国民から選ばれた者ではなく、国会で与党議員から選ばれる。その権力を与えたのは、民主党政権下では民主党議員だ。したがって民主党代表は、一義的に民主党議員に責任を有している。ここに首相は、民主党をまとめることこそ最初の、そして最大の責務を有しているのである。日本の首相は国のトップでありながら、政党の取りまとめ役なのだ。そのことの重大さを、今改めて噛み締めている。自民党から政権を奪った菅内閣とその周辺は、残念ながらその使命を党内の小沢一郎と対決することだとした向きがある。これでは党内をまとめることはできない。党内をまとめることができなければ、国民をまとめることは、到底不可能である。日本を助けるために自民党の派閥争いから生じた腐敗を正したはずが、自分たちが派閥争いを始めてしまった。議会制民主主義では、国会議員は社会の各界階層から選ばれる。各国会議員を通じて、総理の考え方や政策、理念が国民の理解を得ていくのである。その国会議員がバラバラなことを主張していては、国民は結束して困難に立ち向かう決心をすることはない。

党内の権力闘争に危機感を覚えた私は、2010年の夏、軽井沢の鳩山由紀夫の別荘で行われた鳩山、小沢グループの合同研修会に押し掛けた。招待もされていない菅内閣の現職閣僚であったが、どうしても菅直人、小沢一郎対決は避けなければ、もし両者が戦えば党が分裂しかねないと菅に訴えた。鳩山の尽力で一時それは成功したかに見えたが、菅周辺、特に仙谷や枝野らから「戦うべし」との声に押されて、菅は小沢との対決の途を選ぶことになった。「ここで戦わなければ、支援者を失ってしまう」との菅の声は私にはむなしく響くのみだった。〝国のかたちグループ〟の江田五月、土肥隆一などベテラン議員は、ほとんど「戦うべきではない」との見解だった、その議員こそ最も強い菅の支援者でなかったのかと今改めて菅に問いたい。

一方、菅を説得できなかった私も責任を感じている。当時、私はある問題を抱えていた。いわゆる「キャミソール事件」なるものである。東京後援会の政治資金に事務所費が計上されていた。計上時、私が北海道知事選挙落選後で東京事務所は存在しないので、架空計上だと読売新聞がキャンペーンをしたのだ。事務所費は札幌事務所でも使用できるのだから、架空経費なる批判は当たらない。当時の法律では5万円以上の公表が義務付けられていたが、1円以上も公表すればすべての疑念は晴らされるとの党執行部からの勧告で、民主党顧問弁護士のチェックの上、4000枚のすべての領収書を公表したのである。「架空計上は見当たらない」その事実の証明として提出した中に、860円のユニクロ製キャミソールというTシャツの領収書があった。「キャミソール大臣」とマスコミが煽り立て、いかにも艶聞があったかのように読売新聞に書き立てられた。山口県平岡秀夫衆議院議員の補欠選挙（2008年4月）にスタッフが選挙応援に行った時の選挙グッズであり「キャミソールは商品名で、ただのTシャツ」との弁解の機会もなく、その場で官房長官から「厳重注意」なる処分を受ける。今考えると党内の権力闘争に巻き込まれたのか、党外の勢力から引き摺り下ろされたのか、これ以降、私の「党内結束路線」は力を失っていく。

今は亡き政治評論家の森田実がその定期刊行のブログで『巨大権力マスコミに物申す』で次のように述べている。

「荒井さんは北海道知事候補に推された。公平に見て大変厳しい選挙と予想されていた。しかし荒井さんは潔く党の決定に従い知事選に駒を進めた。不運にして敗れた。知事選後荒井さんを待っていたのは厳しい浪人生活だった。不撓不屈の精神で衆院議員に返り咲いた菅内閣が発足した時、内閣官房長官と言われたが実現しなかった。結果的に菅内閣の周辺は仙谷、枝野など親台湾派が、経済政策では新自由主義派が固めることとなった。今回の事件は菅首相チームをどう作るかをめぐる内部抗争とみる見方もある。政界内部では陰謀説が強い。読売新聞が取り上げた問題のほとんどは、知事選に挑戦し敗れて浪人せざるを得なかった荒井事務所の混乱期におきたことであった。事務所経費問題は吉峰弁護士によって解明され「問題なし」との結論を得た。その詳細は参議院予算委員会で荒井氏から説明された。一件落着となったが、しかし有権者の中につくられた負のイメージに荒井さんは立ち向かわなければならない。荒井さんとご家族、事務所スタッフ、支援者に深い同情を禁じ得ない」。

これ以降、小沢一郎との内部対決路線に一瀉千里であった。生まれて間もない政権与党が分裂していくのだ。今考えても本当に残念な読売新聞キャンペーンだった。

日本の左派の歴史を振り返ってみると、路線を巡り、分裂・縮小を繰り返す歴史だった。仙谷や枝野にその尻尾が残っていなかったか。小沢は細川政権や羽田政権の失敗を教訓にできなかった。再び、中道リベラル政権を奪還した際には、次の国政選挙で勝ち抜き、政権を維持することを最大の目標とする覚悟が必要だ。そのためには、議論はしても最後は一致結束しなければならない。

9. 菅政権のつまずき、参議院選挙と尖閣諸島中国漁船侵犯問題

こうした中で2010年の参議院選挙は大敗した。菅首相は、突然、選挙キャンペーン中に「消費税値上げ」を打ち出し有権者の反発を呼んだからだ。党内でも内閣内でも事前の説明がなかった。私は「消費税の値上げはマニフェストで記述されていない。いやむしろ鳩山政権では値上げしないとし

ていた。突然の方針変更は混乱を招く。参議院選挙は組織選挙だ。人脈や組織団体に対する理解と説得が必要であり、事前の通告もなく、ことを図るのは、選挙を戦っている候補者に対して失礼だ」と激しく詰め寄った。二人の間で激論（菅さんが一方的に怒鳴っていたのだが）となり私は辞表をも考えた。しかし、発足間もない菅政権の側近大臣が辞表の衝撃は大きすぎると考え思いとどまった。結果、参議院選挙は惨敗し、参議院議員の数は与野党で逆転した。衆議院は民主党が多数政党であっても、参議院は自民党と公明党が多数政党となったため政権運営が困難になった。

自民党、公明党の野党の攻撃は熾烈を極めた。そんな中で起きたのが尖閣諸島問題だった。2010年9月、中国漁船が尖閣諸島の領海内で海上保安庁巡視船に衝突を繰り返し、海上保安庁が中国人漁民を逮捕したのである。

尖閣諸島領有権問題は、日中間にとって、日中友好条約締結時以来、最も大きな懸案とされていた。日本側が実効支配していた尖閣諸島の領有権は、中国側も主張していた。結局、鄧小平が「尖閣の領有権問題はのちの人の知恵に任せましょう」と述べて棚上げにするのだ。ところが日本の法律で裁判をするということは、この鄧小平、田中角栄の約束を反故にすることと捉えられる。中国側には中国を近代化に導いた偉大な政治家の顔に泥を塗ることになる。気を遣わなければならない微妙な問題である。小泉政権時にも似た事件が起きていたが、当時の石原信雄官房副長官の尽力によって内々に処理されていた。国際社会を巻き込んだ外交問題に発展していく危険性があった。

しかし、前原国土交通相、仙谷官房長官は当該の中国籍の漁民を領土侵犯問題として逮捕、裁判へと突き進んでいった。中国側の反発は激しく、対抗処置として在中国日本人をスパイ容疑で拘束した。ここにきて菅政権は「容易な事態ではない、単なる領海侵犯のみで解決する問題ではない」ことを理解する。その段階ではすでに外務省レベルの交渉は、ほとんど機能しなくなっていた。国際政治問題化したのである。外交とは信用問題で成り立っており、人脈がモノを言う世界でもある。長い期間をかけて自民党政権で作り上げてきた人脈が途絶え、民主党政権では窓口がなくなってしまっていた。なんとか小沢一郎の人脈の手を借り、細野豪志幹事長代理に中国共産党外交責任者常務委員の楊潔篪（中国の外交最高責任者）との会談を持つことができた。

そこでの収束策は、「相互に逮捕者を即時解放する、加えて海上保安庁の所持のビデオを公開しない」とした。しかし悪戯に時が過ぎたため、ビデオ非公開の決定は領海を命がけで守っている海上保安庁職員の失望を買い、内部告発としてビデオが流出してしまう。また、逮捕した船長を官邸が釈放を決定したとは言わずに、那覇地検が独断で釈放したことにした。検察庁が独断で判断したとは国民は誰もが信じず、特に霞が関の官僚や経済界の歴々から民主党政権が責任放棄したと突き放されることとなった。

この事件は日中の外交関係断絶直前までいった。それを防ぐべく人知れず努力したのは、小泉政権下でも問題解決にあたった石原信雄元官房副長官であった。外交は積み重ねである。安易な独自路線は通用しない。その後も民主党政権は尖閣諸島の国有化など国内向けパフォーマンスを繰り返しては、外交で信用を失っていく。民主党政権は、こうして瓦解の一歩を踏み出してしまっていた。

10．野田首相の突然の解散総選挙＝民主党崩壊の口火

野田政権は消費税引き上げで自民党、公明党との合意、ＴＰＰの着手など賛否は別として歴史に残る仕事をした。しかし同時に民主党崩壊の口火を切ってしまった。

菅政権時、自民党から内閣不信任の発議が出された。その不信任案に民主党小沢グループが賛同するとの観測が駆け巡った。私はかろうじて否決数が賛成票を上回ると見ていたので、不信任案に堂々と立ち向かうべきだ、もし成立したら解散総選挙に打って出るべきだと菅首相に直接、具申していた。ところが菅首相は自然エネルギー関連法案と引き換えに総辞職してしまうのだ。あの強気の菅首相が政局から撤退してしまった。それほど自民党の攻撃は激しかったということだろう。

菅首相からの私への要請は次なる総理を「野田君でまとめてくれ」と言うものだった。総理から身を引く身で後継を指名するのはと疑問を感じたが、最後の頼みかなと感じ引き受けた。その時、野田に伝えたのが「政権を運営するとは坂道の雪だるまを押し上げる如くだ」の逸話である。

原発政策を仕上げるため私は経産相を要望したがかなわなかった。多分に私が就任すれば反原発にかじを切るだろうと見たからだろう。代わりに私が推した平岡秀夫法務、平野達男復興大臣が実現した。また官房長官人事に困窮していたので「もっとも気心の知れた人、例えば藤村修君を登用しては」と助言し、そうなった。

私は野田の新自由主義的な考え方とは距離があった。原発を再稼働するとの方針にも大反発し、民主党内で署名運動を行った。与党幹部が率先して反対の急先鋒に立ったのだ。原発の安全関係の法律が未整備のまま原発を再稼働するのは納得がいかない。しかし、野田政権は「原発事故は終息した」とした。加えて電力が不足するとの理由から原発再稼働に進んだ。私は省エネルギーで原発なしでその年はしのげると懸命に訴えた。しかし、データは経産省と仙谷、前原政調幹部が占有していた。

この頃、仙谷は電力会社側の主張を代弁することが続き、私と激烈な議論をすることが多々あった。また政権側に利権がらみで近づく業界団体会社も目に付くようになった。私は農水省や道庁時代に、いやというほどその種の人間が近づいてくるのを感じていたから抵抗力はあったが、与党になり立ての若い政治家にその種の訓練ができているとは思えなかった。

その頃、私と信頼関係を築けたのは、東京電力労組出身の小林正夫参議院議員だ。原発推進派の巨頭だ。しかし彼の理念の根底にあるのは、東京電力で働く3万人の人々の職場を守ること、電力供給と言う社会的責務を果たすこと、そして事故の被災者の補償をすることに向けられていた。私も同じだった。立場が違うが相互に敬意を持っていた。実質破綻状態にある東京電力をどうするか。野田政権の一大政治的テーマとなった。官邸は弁護士出身者が大きな影響力を持っていたので、法的破綻処理をするとの方針に傾いていた。東京電力所有の財産を売却処理し被災者補償に充てるとの考えだ。党の原発プロジェクトチームを預かっていた私は、東京電力存続すべしとの意見だった。財務省の旧知の知恵者から都市銀行破綻の処理策の応用策が伝えられた。国と電力会社が資金を出し合って東京電力を支え、存続させるとの案だ。これなら雇用も守れる、電力供給義務も果たせる。東京電力労組の新井行夫委員長に直接感触を探った。「これで会社側、労組側飲めますか」。新井は「会社に確認してもいいですか」。私はさらに「電事連の了解が必要です。各電力会社が協力して出資してくれるかどうか、それに官邸側はまだ法的処理にこだわっている」と述べた。

やりとりの末、「これでお願いします」との回答がもらえた。「社員を守るのが労組の役割、東電を退職する職員が多いと聞きます。でも人こそ復興のカギです。特に東電の職員は一級品です。放しては駄目ですよ」と激励を送った。

また、この状況で参議院選挙を新人の候補者で戦うのはリスキーなため、小林に3期目を任せたらどうかなどを助言した。新井委員長は次期候補者を決めるキーマンで、本人自身が候補者となる可能性もあった。そんなギリギリの話し合いをして以来、新井とは10年来の友人となった。歴史的な仕事をしたと思っている。立場を異にしたが、いい仕事だった。

2012年11月、野田首相は自ら自民党の安倍晋三総裁らに党首討論を呼びかけた。与党から野党に党首討論を呼びかけるのは極めて異例だった。当日直前に、首相が衆院の解散を宣言するかもしれないとの情報が飛び込んできた。

民主党幹部らに一言も知らされていなかったため、まさかと驚いた。経済状況は民主党の経済政策で上向きになっていた。株価も回復の兆しが見えていた。しかし、まだ国民全般に民主党政権の実績が理解されるまでには至ってない逆風の中にあった。

赤松広隆、海江田万里、大畠章宏、中川正春など政権での閣僚経験のあるベテラン組7、8人が野田を止めようと、国会内の首相控室に押しかけた。しかし、首相秘書官が両手を広げて私たちの入室を阻んだ。面会をさせないと。いやしくも私たちは国民の代表であり、野田を総理に押し立てた民主党の政治家たちだ。それを問答無用で拒否したのだ。わたしはこの秘書を許すことはできない。国家の大事、民主党の一大事に国民の代表を拒絶したのだ。

大畠が「荒井さん帰ろう、野田君はもう決めているのだろう。解散は総理の専権事項だし」。私は何とも悲しい、やるせない気持ちになった。せっかく苦労した民主党政権が今、音を立てて崩れていくのを感じた。

案の定、党首討論で野田首相は、安倍自民党総裁に向かい「解散しようではないか」と断言した。

驚いたのは安倍だった。「本当ですか、本当ですか」と何度もその場で確認した。民主党幹事長輿石東は幹事長室で党首討論を聞いて、官邸に飛び込んだ。もう一人びっくりした人がいた。樽床総務相だ。公設掲示板の設置や投票所の確保など総選挙の実務担当大臣だ。結局解散の話は官房長官以下数人しか知らされていなかったようだ。総選挙の準備不足は明らかだった。

幹事長も満足に準備をしていない総選挙では勝てるはずがない。民主党は選挙前の230議席（前回選挙では308議席）から結党以来最低の57議席に落ち込んだ。民主党王国の北海道も15人いた衆議院議員が小選挙区で全敗し、比例復活で横路孝弘衆議院議長と私だけがかろうじて議席を守った。選挙に強いとは言えない私が「議席を守れたのは不思議だ。荒井は選挙が強いのか」と政治評論家に言われた。福島の原発被災者支援に力を入れていたことから、ありがたいことに福島の人々が熱心に応援してくれたようだ。札幌市内在住者のみならず北海道関係とみれば「支援するよう」くまなく頼み込んでくれたと聞く。

仲間を大事にし、それぞれの才能が生きる環境を作るのがリーダーの責務だ。それがほとんどの仲間を落選に追いやった。民主党という政党が存続していればチャンスはあったのだ。この時の野田の心境が分からない。いまだに理解できない。組織のリーダーが自分の組織のために、あるいは自分のために働いてくれた人の四分の三の首を切ってしまった。それでも平々としていられるリーダーというのはあり得ない、と選挙後に野田を批判した。今でもその気持ちは変わらない。

結局、民主党政権下で出来た政策はこども手当の導入、高等学校の無償化、農家戸別所得補償、原子力政策、消費税の引き上げということになる。大きな成果ではあるが、正当に評価されていないきらいがあった。

私がかかわった原子力政策は3章で記すが、ここでは農家戸別所得補償政策の経緯を説明する。民主党が政権を狙うのには農業政策をしっかりすることだ。それは地方政策でもある。しかし当時の民主党幹部は都市出身者が多く農業政策には疎かった。そこで鹿野道彦衆議院議員、篠原孝衆議院議員、平野達男参議院議員など農水関係者を集め農家所得補償政策を作った。私は菅直人代表に岩波新書の「蓮如」なる書籍を渡した。民主党の地方組織を拡大するのに、参考になると言って。500年前、蓮如は親鸞の直系子孫だが弱小勢力だった。京都の寺院勢力から追放になるが、一念発起し、北陸地方で教団の拡大に成功する。その手法は女性を信者にする、親鸞の弟子筋の寺を味方につける。車座になって信者と対話を重ねること。この手法が教団を巨大化させ、ついには織田信長と互角の戦いをすることになる。

民主党なる政党の拡大は、地方での強化拡大なくしてあり得ない。それは蓮如の手法だ。キーワードは「女性」、「周辺関係団体」そして「車座」。菅直人は農家所得補償政策のパンフレットを携え、篠原孝衆議員や平野達男参院議員を引き連れて地方行脚の車座集会を重ねる。とうとう都市政党から国民政党に脱皮した瞬間だった。

11．民主党政権の崩壊──その原因

(1) 財源問題の軽視

民主党政権崩壊の原因は蔵相だった藤井裕久が特別会計から財源は捻出できると述べ、財源問題を軽視してしまったことにある。いまだに大蔵省主計局にいた藤井蔵相がこのようなことを本気で考えていたとは思えない。特別会計は一般会計からの拠出を受けて運営するものだ。予算編成の知識があれば特別会計から巨額の資金を継続的に捻出することは不可能であることは常識で、私や農水省時代の部下で初代復興相となった平野達男は「藤井さん一体何を言っているのか。いずれこの問題で暗礁に乗り上げてしまう」と言っていたが、残念ながら、私は北海道知事選に落選した後の浪人中で、この議論に参加できなかった。もしも、私が知事選に出馬せず、現職の衆院議員であったならば党の中でこの問題に対して徹底的な反論をしていた。悔やまれてならない。

(2) 霞が関との対立

霞が関との対立で鳩山政権は機能不全に陥った。政府と省庁の関係を例えるならば、大臣が社長、専務以下が役人である。専務以下が社長にそっぽを向いていては会社、すなわち霞が関の各省庁が機

能するはずがない。民主党はこうした構図を理解していなかったこともあり、上手くいかなかった。

（3）小沢対反小沢「党内求心力」のベクトルの向きが違った

私は菅首相に「なぜいろんなことをやるのか」と指摘したことがある。彼は「党内求心力を高めないと」と反論したが、その結果、小沢を敵視して妥協の道を放棄してしまった。また、TPPなど不得手な政策にも手を出してしまったことも菅政権崩壊の遠因になったと想う。小沢との妥協の道を放棄したことで私と菅の距離もできてしまった。あれだけ小沢を説得して、困難の中で両党の結党に結び付けた菅直人本人が小沢一郎を敵視する。それも菅政権となってすぐの時だから、「それは無謀だ」と私は主張したが、受け入れられなかった。

（4）参院選で突然の消費税引き上げ発言

2010年7月の参院選の争点に菅首相は消費税引き上げを打ち出した。しかも、税制改革について明確に説明できなかったために、民主党の支持が急落し、参院選は惨敗、過半数を失う。衆参は与野党が逆転するねじれ現象が起きてしまった。政局運営が一段と厳しくなる中で、2011年3月11日、東日本大震災が発生、福島第一原発事故が起きた。菅政権は大震災と原発事故という未曾有の危機への対応に忙殺された。

事態を乗り切るために、私が自民党に伝えたのは緊急の大連立構想だった。しかし、自民党は政局にしようと、議論に乗ってこなかった。震災対応などをめぐって自民党から内閣不信任案が提出され、小沢グループは不信任案に賛成する方針が伝わってきた。当時、小沢グループには約50人くらいいたが、旧社会党系やさきがけの生き残りも菅側だったので、私は党内の反主流派全員が不信任案に賛成しても否決できると読んでいた。あるいは、仮に内閣不信任案が成立すれば、解散総選挙に出るべきだとずいぶん力説したが、受け入れられなかった。不信任案の採決では民主党から小沢ら15人が採決に欠席。二人が賛成したが、否決された。身内からの造反で政権は行き詰まる。結局、第二次補正予算、財政特例法、再生可能エネルギー法の成立と引き換えに菅内閣は総辞職、野田政権となった。

(5) 尖閣諸島国有化

野田政権は尖閣諸島の国有化を行った。石原慎太郎東京都知事が尖閣諸島を東京都が購入するとの発言が影響して、野田政権で国有化に踏み切ってしまった。私は石原が日本にとって大きなマイナスを作ったと思う。尖閣諸島は日本が実効支配していたのだ。そのまま議論の訴状に挙げる必要がなかったのだ。わざわざ傷口に塩を塗ることはなかったのだ。

そもそも、日中間で最も触れてはいけないのが靖国神社と尖閣問題だ。日中国交正常化の際、日本側の外相が大平正芳、首相は田中角栄、中国側は周恩来と鄧小平で、尖閣問題をどのように解決するかが最大の課題だったのを、鄧小平の知恵で棚上げにしていたのだ。

当時、中国側のカウンターパートだった除国雄から「荒井さん、これから中国側はＪａｐａｎプログラムに基づいて、毎年尖閣の周りには人民解放軍の船を浮かべることになると思います」と言われた。私は今でも着地点として、尖閣諸島は国有化ではなく、日中友好の財団法人の所有とすべきではないかと考えている。尖閣諸島問題は未だ日中間の懸案となって日本政府を悩ませている。

12．繰り返す失敗＝排除の論理

民主党は野党に転落した。惨敗の責任を取って党代表を辞任した野田の後に代表に就任したのが、海江田万里だった。私と大畠章宏がバックアップするからと励ました。大畠は幹事長、私が役員室長を担った。私の下で党綱領の見直し、党再建の計画を作ることにした。党綱領はあるのかないのか分からない状況だったので、新たに作り直した。この綱領を作るときに、私は日本新党で使った「民主中道」、「民主リベラル」という言葉を入れようとしたが、結果的には賛成が得られなくて、その言葉は入らなかった。したがって、民主党がどのような立ち位置かいまだに分からないと言えるのかもしれない。

さらに、民主党改革創生会議も立ち上げた。当時幹事長だった大畠や、山口二郎法政大学教授、船橋洋一朝日新聞元主筆に議長を引き受けてもらって、国会議員だけではなく、地方議員、党職員、議員秘書を加えたオール民主党で議論し、穏健中道、男女共同参画を理念とした「民主党改革創生会議報告書」を２０１４年7月25日に公表した。この資料は今でもホームページで見られる。

また、これほどの大敗北であるから党組織の縮小を図らなければならなかった。党職員の給与カット、首相経験者の専属タクシーの雇上げ廃止、民主党本部の借り上げスペースの縮小など赤字経営に陥った会社がやることのほとんどを私が鬼になって行った。野田元首相は快く応じてくれた。

東京都知事選挙、滋賀県知事選挙など地方組織強化となる地方選挙には積極的に打って出た。滋賀県知事選挙には、京都新聞に武村、嘉田元知事の対談広告を全面買い切って打った。自民党は「やられた」と言ったとか、そのかいもあって勝利を得た。

その後、前原が民主党の代表になり、２０１７年9月、小池百合子東京都知事の希望の党との合併話が持ち上がった。しかし、総選挙の真っ最中、希望の党側が民主党議員の選別を行い、リベラル系議員が排除されてしまった。話が違う。この方針は小池、前原そして神津連合会長立ち合いで合意されたのだという。私は小川淳也役員室長に電話をし、「なぜ同行しなかった、大事な肝の話ではないか」と叱責した。この動き出した政党はリベラル色を廃し保守に偏った政党に見えた。これでは当初の約束と違う、私は参加できない。私は北海道選出議員だけで北海道民主党の結党を決心した。連合の神津会長にも新しい政党をつくるので応援してほしい旨のメールを何度かやり取りした。すると枝野からリベラル議員に働きかけて新党を立ち上げる決心をしたので北海道グループも参加して欲しいとの連絡があった。民主党と言う名称をどこかに入れ込むことを条件に参加を表明した。新しく立憲民主党ができた。北海道が一大勢力となる。

希望の党との合併の政党はその後、国民民主党と名乗ることになった。私は野党が二分割されていては、選挙に勝てない。合流するべきだと主張した。

２０１９年の参議院選挙では、あちこちの選挙区で国民民主党と立憲民主党の間で相克が生じる。私は、「京都は国民に譲り、大阪を民主で一本化すべき。静岡は国民に譲るべき」だと主張したが、聞き入れられなかった。特に静岡は将来の大きな禍根となるだろうと予感した。選挙戦終盤、立憲民主党福山哲郎幹事長ら幹部が大挙して徳川家広候補の応援に静岡に入ったのだ。当選したのは国民民主党榛葉賀津也幹事長だった。選挙時の恨みや憎しみは後々まで残る。両党の合併は遠のいた。残念だ。２０２２年の参院選の京都府選挙区で5期目を目指した福山哲郎元幹事長が、国民民主党の前原誠司から全面支援を受けた日本維新の会の新人に約１万７０００票差まで猛追される結果となった。遺恨が影響した。一歩引いて俯瞰する姿勢を取れれば別の風景が見えるはずだった。

13．どう立て直すのか

（1）やり直しの政党文化の修正

民主党は代表が変わるたびにゼロからやり直す慣行が踏襲されていた。党業務の引継ぎがなされていなかった。このことは過去の経験知や問題点の把握の集積がなされない事を意味した。いわば組織マネジメントが拙劣だったということを意味する。議員の集団だからその経営能力は、個人の才覚による点が多々ある。中小企業の経営者や大企業の部長クラスの経験者が多数選出されている自民党では、議員になる前から組織マネジメントを経験している。また地域後援会を作り管理する経験は、何よりも組織マネジメント能力を育成することにつながる。民主党の場合は弁護士など個人事業主が多く、また後援会を作る熱意が乏しいので組織マネジメントの経験が少なくなるのだ。

政党の育成に不可欠な要素は、組織マネジメント能力の向上だ。

またリベラル勢力は、結束することの政治力を軽視している。民主主義は最終的には多数決で問題を決定していく。だからこそ多数を形成する結集軸にもっと関心を持つべきだ。党を挙げて組織マネジメント能力を磨くべきだ。労働組合を肌が合わないとして執行部から敬遠する傾向があるが、現実を見たときむしろ逆だと認識すべきだ。この傾向は立憲民主党になっても改善されていない。これは野党組織として最重点項目だ。希望の党への合流と分裂もこうした過程の中で起きた。結集軸が中道保守なのか、あるいは共産党まで含むリベラルなのかといった了解がなされていないので、小池はリベラル勢力の排除を行い、再び排除の論理が大手を振った。

(2) 政治手法に不可欠なのは組織マネジメント

残念ながら民主党議員には組織マネジャーの経験者が少ない。若き俊秀が集っているが、自民党のように中小企業の経営者や役所の管理職経験者が少ないのである。そこで元マッキンゼー東京支社長の横山禎徳東京大学EMPディレクターにお願いをし、組織マネジメント講座を開催、主に政務三役経験者を誘った。参加した方は、「かねがね組織管理についてしっかりした勉強の機会を持ちたかった」と喜んでくれた。政治主導の掛け声で、霞が関の官僚と対決しがちな民主党政権にあって、〝対立するだけではいけない〟と思っていた面々である。

会社の社長が、自社の社員を信用せずに対決しているのであれば、その会社は遅かれ早かれ倒産だ。社員はいつでも社長を見ている。社員をどんな基準で評価をするのか、やり直しをしなくていい的確な指示をしてくれるか、自らの会社の利益を上げてくれるかどうか。それに応えるのがトップだ。応えて初めて機能的な組織マネジメントになる。この種の訓練は党として意図的に行う必要がある、それには地域で地域後援会を作る指導から始めることだ。

(3) 代表選は本格的な政策、地域活力策の選択の場に

山口二郎法政大教授はよくこう語っている。

「先日も民主党議員が『次の選挙を考えたらやはり知名度があって国民から好感をもたれる代表がいい』と話していた。それで何回失敗したことか。まだ懲りていない。それが政党政治をあさはかなものにし、リーダーの劣化を招いてきたのだ。世論やメディア、風向きに迎合するような代表選挙はやめるべきだ」。

民主主義は健全な批判精神があって初めて機能する。だから野党だけではなくメディアの役割は重要だ。しかもメディアを批判するメディアはない。それだけに世論を誘導するような報道や、作られた世論に媚びるような政治家の態度は慎むべきだ。国民のための政治を良くする責務は、政治家とメディアの双方にあるのだから。そのメディアに民主党再生を訴える好機が代表選挙だ。民主党はいつも国民に理解を訴える好機を失している。最大の好機は、予算編成、どのような政策を行うかが国民の最大の関心だから。しかしメディアは予算内容より政局記事であふれかえった。国民は「この大事な時、民主党は何をやっている」と捉えたのだ。

私は原発PTの座長を担って、ある試みに挑んだ。親小沢派といわれる人々と反小沢派に属する人が本当に結束できるか、いやさせるべく努力しようと決心したのだ。毎日10時から事務局会議、課題を洗い出し、対応策を練る、私からそれぞれの議員に日時を定めて報告してもらう、これを繰り返し

た。1日で数百ページの英語のレポートを読みこなしたり、何人もの専門家の意見を聞き歩いたり、役所の出したくない資料をあの手この手で出させたりと彼らの活躍は並大抵ではなかった。それを通じてプロジェクトチームの結束は強まった。やればできるのだ。民主党にはあまたの逸材が存在している。それらの人々が民主党再生に激論を戦わす真摯な姿を国民は求めている。それこそ最大のチャンスが代表選だ。即決の代表選ではなく、代表選挙で政策論争を本格的に闘わせるのだ。アメリカの大統領選挙、英国の政党の代表選出論争は半年以上をかける。これだけ長く代表選挙をしていると、党員が本当に党のリーダーに誰がふさわしいか、相手政党との本格的論争に堪え得るかどうかを判別できる。東京で短い期間で代表を選ぶという手法は、改めるべきだ。

そして民主党のガバナンスの失敗をてこに、新たな若きリーダーが育つことを切に願う。

(4) 政党の運営とは、雪だるまを坂道に押し上げるがごとく

雪の坂道を雪だるまを押し上げる、足元はおぼつかないし、押し上げるにしたがって雪だるまは、大きくなっていく。そこでたくさんの助っ人が必要になる。押し上げる人が減ったり内輪もめをして力を抜くと、あっという間に雪だるまは転げ落ちる。転げ落ちた雪だるまをもう一度押し上げるには前回以上の力仕事になる、ころがり落ちる時、雪だるまはさらに巨大化しているのだから。

政党を運営するとは、この類だ。一歩一歩踏みしめていくしかないのだ。またぞろ巨大メディアが

○○○と連携、いや×××新党をなど囃し立てているが、この種の安直な方式ではなし得ない。いやむしろまじめな努力を無にしかねない禍ともいえる。

政治とは組織化することにその本質がある。目指す方向を明らかにし、同志をつのり、その人々を組織化して政治勢力に昇華させる、さまざまな政策分野でこのことが行われなければならない。政治家はこの政治勢力への組織化への途でリーダーシップを会得しながら成長していく。その最初の過程が自らの後援会組織を作ることである。純粋な人、利害にさとい人、ちょっと風変わりの人、情熱の人、さまざまな人を説得したり、協調を促したり、分担した役割に納得してもらったりしながら後援会は出来上がっていく。実はこの過程こそ政治そのものなのだ。この基本を踏まず、街頭演説や戸別訪問が選挙戦術だと思い込んでいる政治家は、政治手法の基本を学び損ねている恐れがある。そういう人に限って選挙を戦えないから党首の顔を変えろ、○○○新党に衣替えなどと主張しているのではないか。

さらに言えば、謙虚さと人間力が必要だ。政治家である前に人間としての魅力が問われている。

14．野党勢力結集のモデルケース　札幌市長選

（1）自民党に対抗する野党連携

2022年9月、立憲民主党の泉代表は参議院選挙敗北を受けて執行部人事を刷新した。幹事長に岡田克也衆議院議員の再登板を図った。これに対して、連合の芳野友子会長が共産党との連携路線を危ぶみ、異論ともとれるコメントを出した。この時の参議院選挙の立憲民主党、国民民主党の惨敗の原因は明らかだ。野党勢力の結集に失敗し、さらに共産党との連携にも失敗したからだ。

選挙は現実だ。失敗の原因が分かれば、連合は政党に理解を示すぐらいの度量が必要だった。北海道では立憲民主党の石川知裕候補が惜敗した。当選した自民党の船橋利実候補との差はわずか2万5000票差の42万2000票余りであった。42万票余りが死に票になったのだ。国民民主党の臼木秀剛候補が9万票余り。もし臼木候補が出馬していなければ、あるいは連合が選挙調整をしていれば石川は悠々勝てただろう。この選挙では共産党系の支援者は、死に票を恐れて石川候補に投票した気配があった。選挙とはそういうものだ。

（2）上田モデル

2003年の札幌市長選に初出馬した上田文雄はじめ、7人が乱立した市長選挙で上田は全候補者中で最多の投票だったが、法定得票数に達せず政令指定都市で史上初となる再選挙となった。その選挙責任者を保守票にも強いとして私が任された。前回選挙に出馬したいずれの候補者も出馬の構えを見せていた。特に自民党は候補者を差し替え、与党の総力を挙げて勝つ体制を築いた。そこで我が家に先の選挙で出馬した野党候補者4人に集まってもらい、藻岩山を望む窓辺で、得票数最大の上田さんで結集してほしいと説得をしたのだ。紆余曲折を経ながら成功した。しかしどう票読みをしても共産党候補者が出馬する限り票が数万票足りなく、自民党候補者に敗れることになる。私は当時北海道選出の児玉健次衆議院議員に「共産党候補者を降していただきたい」と頼み込んだのだ。しばらくして「荒井さん、党内で検討した結果無理でした。この話はなかったことにしてください」と。「やはりそうですか、無理なお願いをして申し訳ありません」

その後選挙戦に突入した。公示の2日後であったろうか、児玉から電話が突然きた。「荒井さん、共産党候補者を降ろします」「え、選挙はすでに始まってます、公設掲示板にポスターが張ってあります」「はがさせます」。翌日共産党候補者の候補を取り止めるとの記者会見、そして共産党員が掲示板から黙々と候補者のポスターをはがしていた。同じ選挙を体験してきた私には、その時の選挙ポスターをはがしに回る運動員の悔しさ、やるせなさを感じたものだった。

しかしその結果、上田市長の誕生を見たのだ。革新市政にありがちな放漫財政に陥ることなく、ごみの有料化、高齢者バスの縮少、市職員の定数減少など、財政改革を推し進め成功した。この時、我々は共産党に対するイメージを大きく変えたのである。彼らとも大義を共有できるのだ、同じく政治に対する理想で共通できる部分があるのだと。

2016年夏、民主党の中堅どころの意見を聞きたいと岡田代表との意見交換会が催された。多くの議員から共産党との連携に否定的な意見が出された。私は少数意見だったが、札幌市長選の体験を語り、さらに選挙は具体的な得票数の読みがなされなければならないと指摘した。「共産党と連携する方がより多くの人が投票してくれるか、今多くの人が指摘するように流出する票が多くなるのか、世論調査を実施したらよいではないか。自民党と我が党の大きな違いは、その調査能力にある」。また、こうも付け加えた。「ゴリゴリの保守主義者のチャーチルは、ヒトラーを打倒するため共産主義者のスターリンと握手した。自民党の野中広務幹事長は政権存続のため悪魔とでも手を結ぶと言って、長年の政敵であった小沢一郎と手を握るのです。それが歴史的な大転換を生み出してきたのではないか。今その時でしょう」。

どうも保守政治に長けている政治家は何より「まとめること」の利点を知りその説得技術に長けているようだ。「政治は説得の技術」とはギリシャの哲学者の言葉だ。それに反し、リベラル系の政治家は自己の信念に自信を持っているためか、独自路線を主張するきらいがあり、妥協することが不得手なように見える。これでは大きな塊になることはできない。

（3）連合の動向、そして若手への期待

連合本部の自民党寄りの変質。これは後々影響を与えてくると思う。

結局、野党再建は民主党政権時に要職にあった立憲民主党、あるいは国民民主党を中心とした人たちだけではなくて、若手に期待するしかない。２０２１年の総選挙で立憲民主党では逆風のなか12人の新人が当選した。北海道では大築紅葉と荒井優だが、厳しい選挙に勝ち残ってきた人たちだから、彼らに期待したい。ただ、政治家は期待するだけでは育たないので、私たちが手をかけ政治家として育てることが必要だ。自民党も長期的に、この12人が将来の有力な野党議員として育つことを予想している。彼らを失脚させるために事前に政治資金の運用や生活面のスキャンダルを探しているだろう。すでに彼らの使った少額の領収書を集めるなどして、その準備の資料を集めている。警戒しなければならない。まさに危機管理の準備をする必要がある。すでに山尾志桜里が犠牲になって政界から姿を消した。山尾は将来の党代表候補の逸材だっただけに、大事に育てる視点が民主党に必要だった。返す返すも残念だ。

第2章

政権交代を担う政治家の育成

政治家に必要な資質とは人望、見通し、決断、そして演説だ。議員を支える政治家事務所と後援会をいかに作るか。事務所に必要な人材とは経理、営業に熟達した人材、一般の会社と同じである。後援会は多様な人材が集まる。その人々をまとめる手腕が政治力そのものだ。一度選挙に落選しても、再起を期する支援者グループか否かが大事だ。

❖政治家の資質と鍛錬　政党とは、議員とその支援者の集まりである

自民党に代わる政権交代可能な新しい政党は一朝一夕にはできない。毎年政党助成金算定の期限近くの12月になると所属政党を離党して、新党を旗揚げする動きが目立つようになった。社会的には政党助成金目当ての行動のように見える。政党とは議員自身と議員を取り巻く支援者などの関係者で作られるものだ。この中には政党事務局も含まれる。最も近いイメージは各議員の後援会の集合体である。旧社会党の場合、後援会の主なものは労働組合である。これでは幅広い国民の代弁者とはなりがたい。広がりを欠き政権を担う国民政党とはならない。

しっかりした後援会とは何を言うのか。端的に言えば一度選挙に失敗しても、再チャレンジする際に物心両面で支えられる組織であるか否かである。前回の選挙で惜しくも落選したが、再挑戦できた候補者のほとんどは当選できる。本来の後援者は前回失敗した選挙に後悔しているからである。自分がもっと手厚く選挙活動していれば当選していたであろう。申し訳ないことをしたと思っているので

ある。このような集団の集合体が政党となるのだ。

それでは強い支援者集団とはどのような要素を持っているのか、またどのように広げていくのか。なによりも優先されるのは候補者の資質である。候補者が魅力的なら支援者は集まってくる。政権交代可能な政党とは多様な魅力あふれる候補者を集めることが出来るかにかかっている。

1．磨かなければならない資質

小選挙区制度では、選挙民と議員の距離が近いことが特色だ。能力が高く学歴が高くてもそれだけではだめだ。それ以上に人間性、責任感などの資質が選挙民に容易に明らかになる。

歴代の総理の指南番といわれた四元義隆は、「狂人走れば、不狂人走る」との禅語をよく引用していた。政治のリーダーが誤った路を走りだすと、一般の人もその誤った路を走る、その結果、国家が窮地に陥るとの意味だ。リーダーに不可欠な資質についてよく説いていた。「人望」「見通し」「決断」の三要素だ。

・「人望」
周りの人を良く観察し何に困窮しているか、どこをアドバイスすればその人の役に立つかが理解できる資質だ。この資質は苦労人で経験豊かな人のほうが優れている。2世議員にはこの資質には難がある人が多い。

・「見通し」

本をよく読み、幅広い知識人との交流を通じて得ることができた見識の深い人だ。未来に起きるであろう危機を予測できる人だ。学歴の高い人のほうがその潜在的才能は優れているが、ともすると理念的すぎる知識であって、現実論に根差した知識でない場合も多い。政治は現実論である。現実に機能しなければ絵に描いた餅になり、むしろ弊害のほうが多くなる。民主党の候補は高学歴者が多い。付き合う友人や後援者も似たものが集まる。高学歴者は概して高所得者であり、それほど政治に影響されない人々だ。本当に政治を必要としている人々は貧困者であったり、病弱で職業につけない人が多い。民主党の候補者は、概して政治を必要としている人との距離ができてしまう。これを縮める努力は案外と高学歴者には難しい。なにせ今まで経験がないのだから。私の経験では家庭訪問しかない。飛び込み営業だ。これをできる人でなければ政治家にはなれない、いやなってはいけない。政治を必要としている人にアクセスできないのだから。

かつて大学のクラブでセツルメントなる活動があった。貧困街で住民の相談に乗る運動だ。日本では衰退しているが、イギリスのブレア元首相やアメリカのオバマ元大統領も若い時類似した運動を行っていた。また英米での政党運動はこのセツルメントに近い活動を通じて政治家の基礎訓練をしている。若い候補者には最も困難な地域を指定し活動をさせるのだ。それで見込みがあると評価すれば、より当選確率の高い地域で活動させるのだ。

ハワイ州選出の日系上院議員メイジー・ヒロノに面会したとき「日本では女性の議員を増やすことが大きな課題となっています。議員はどのような過程を経て議員になられたのか、また女性議員としてのアドバイスをいただきたい」と質問した。答えは簡単なものだった、「身近な市会議員になり、州の課題を議論できる州会議員になり、地域の支援者を固め同時に集金力も力がついてはじめて上院議員に挑戦できる」。これは男女の性別を問わず普遍的な原則だ。

・「決断」

文字通り決断できるかどうか、決断の能力は責任を取ることと裏表の関係にある。ぐずぐずと決断できないのは、その決断が誤ったとき責任を取る覚悟ができていないからだ。私欲が強いと自身の立場を優先するので、責任を取る覚悟はできないものだ。政治家に最も必要な資質だが、概してこの資質に欠けている人が多いように見える。映画「ウィンストン・チャーチル／ヒトラーから世界を救った男」や、映画「マーガレット・サッチャー／鉄の女の涙」を見るとよい。チャーチルは周りの老練な政治家の反対を押し切ってヒトラーと戦うことを決断するシーン。地下鉄で普通の市民に戦い続けるか否かを問うシーンは感動的だ。サッチャーのフォークランド紛争、アメリカの反対を押し切ってアルゼンチンの不条理を許さないとの固い決断。日本人の政治家でこの種の資質を持った政治家は過去にいたろうか。時流に流されて決断した政治家ばかりではないか。最も大事な信念が見えない。今もそうだ。野党時代にこの信念を磨いておかなければならない。

・「演説」

政治家にとって言葉こそ唯一の武器と言える。欧米では演説の原稿を専門にするスピーチライターなる職種がある。著名な政治家はほとんど著名なスピーチライターがいる。論理的で説得力のある演説の原稿を書くのだ。しかし、日本では人を説得するのは論理ではなく「共感」だ。自民党で共感の演説をしていたのは、小泉純一郎だ。彼のその資質は若い時から歌舞伎やオペラなどを観劇して自然に磨かれたのだ。私が聞いた最も感激した演説は、上皇陛下が東日本大震災直後に復興のため国民の結束を呼び掛けたビデオテープであった。皇室は和歌で言葉を鍛えてきた。その言葉はどんなときにも国民の平和のための結束を呼び掛けるために研ぎ澄ましてきた。

演説は声で伝えるもの。私の経験から視覚より聴覚のほうが記憶に長く残り、共感作用も強い。声の訓練は重要だ。聞きやすい深みのある声を自分のものにすることが求められる。

支援者を見れば政治家としての資質が判別できる。利権的な支援者ならば利権的な政治家となる。情熱がある支援者ならば政治家がどんな時でも一緒に苦労してくれる。政治家の選挙は時の運が当落を左右するときがある。落選したとき次を期すことができるかどうかは、支援者の情熱で分かる。

2．最大の支援者　家族と職場の先輩、同僚

最大の支援者は、家族だ。しかし、議員になることの最大の反対者は、一般的に長年連れ添った妻である。次なる支援者は職場で長年一緒に働いた同僚。この二つを説得して初めて議員になる最初の関門をくぐれる。

私も出馬にあたってはドラマがあった。妻は「公務員と結婚したのであって、政治家とではありません。どうしてもというなら離婚します」と強硬な反対。そこで子供に「今の世の中はひどいだろう。お父さん、何とかよくしようと思い選挙に出ようと思うのだが、お母さんが大反対なのだ。どう思う」と言った。子供たちは、「自分たちがお母さんを説得する」と言い、妻を説得したのだ。母親は常に子供に弱い。やむなく了解した。

先輩上司にも恵まれた。現役の同僚上司は応援に限界があるが、佐々木欣一など農水省のＯＢ上司

が応援してくれた。彼らのほうがはるかに私より政治や選挙の現実を理解していた。どうやって選挙資金を集めるか、事務所の秘書を選ぶかなど痒いところに手が届くような支援をしてくれた。当選のお祝いにと銀座の英国屋でスーツを作ってくれた。「荒井よ、議員になったのだから、もっといいスーツを着ろ（サラーリマン時代は常に青山のつるしのスーツだった）、先輩仲間で君のスーツをお祝いに贈ることになった」。今でもそのスーツは私の宝、30年前のスーツ、ぴっちり体に合っている。体形は変わらないのだ。

3. いかに信頼できる機能的な事務所を作れるか

議員の事務所はきわめて大事だ。ひょっとすると一番大切なことかもしれない。議員は中小事業主に近い。事務所の職員は会社の社員に相当する。その社員との相互信頼関係がなければ事務所は運営できない。議員秘書は日本で最も難しい仕事だ。さして高くない給与、議員が地元に帰るのは土、日、したがって原則土曜日、日曜日の休暇のない勤務体系。この条件を甘んじて受け入れる人材は「将来議員になろうとの野望を持っているか、よっぽど仕える議員その人にほれ込んでいる」かである。

議員の代理をできる所長、議員活動などあるいはこまめに苦情を聞き取るなど外回りを熱心に動ける営業マン、議員の政策を補完し作れるだけの政策能力を持っている企画製造部職員、そして政治資金管理をする経理マン、概して所長が兼任することが多い。

一人の優れた政治家は、一朝一夕にはできない。熱心な後援会、機能的な議員事務所を作って初めて政治活動の基盤ができるのだ。田中角栄は1回生の仕事は2回生になることだと喝破したが、後援会を作り機能的な事務所を作るには、それに集中しても3年以上かかる。永田町で政治活動している余裕はないのだ。そこで若手政治家が考えることは、人気のある政治家に党首になってもらうこと、自ら絶えずテレビに出ることなどだ。しかしこの手法は自らの真髄にはならない。幻に近い。選挙民は候補者の実力を見たいのだ。党首の実力でもなく、いわんやテレビを通した幻影ではないのだ。私は二度目の選挙で落選した。日本新党の幹事長職であり、エイズや介護保険の法案作成に当たっていたのでテレビにはよく出演していた。地元で町内会長に飛び込みで挨拶に行くのだが「よくテレビに出てるね」と言われたのは度々だった。

しかし決定力とはならなかった。政治家として地に根が張っていなかったのだ。根を張るには7、8人ぐらいの小集会を積み重ね、地域後援会を作るしかないと気が付く。

選挙は政治家を選ぶのであって、どの政党かは判断材料の一つでしかない。政治家は選挙民の生命と財産を預かるのだ。私はよく「選挙とは皆さんの健康保険証と預金通帳をどの政治家に委ねるのかを選択する行為です、投票は安易な判断をしてはいけません、いわんや投票所に行かないというのは論外です。投票に行かないということは、あなたの保険証と預金通帳を無条件でいかようにも使ってくださいというのと同じだ」と演説をした。医療費の負担割合や預貯金金利さえ政治に左右されるのだ。アベノミクスで長らく金利は意図的に低く抑え込まれた。この結果、為替は円安が続き、輸出産業が著しく利益を上げた。いわば個人の家計から輸出企業に資金を移転させていたのだ。

(1) 東京事務所の秘書

笑い声の絶えない明るい事務所だった。そのせいかマスメディアの人や霞が関の官僚もよく来た。陳情に訪れてきた地元の人も荷物を置いていく気軽な事務所となった。こうしてみると優れた営業の経験者たちだった。秘書は議員とその議員が考えている政策という商品を売って歩くのが役割だと考えなければできない仕事だろう。議員という商品の良し悪しは、営業マンすなわち秘書が一番よく知っている。

野党事務所ではもっとも優れた事務所の一つだと自負していた。著名な政治家には必ず名物秘書が育っていた。私の場合は加藤千穂だった。個人としても魅力があったのか、よくメディアや霞が関の人が来た。その中の一人がフジテレビ政治部記者だった大築紅葉(その後衆議院議員)だった。加藤千穂はどこで台湾政府に知られたのか研修に招致された。それが中国共産党に知れたのか、中国からも研修に招致された。さらにアメリカ国務省から2か月の研修プログラムに招聘された。この研修プロ

令和3年9月最後のアカシア会で、東京事務所の仲間と

グラムの経験者のリーダー格になった。私の最後の仕事「医療的ケア児支援法」の貴重な専門家となり、政府の審議会のメンバーに推されている。
東京後援会のアカシア会は、1年に4回の朝食勉強会。そして別に講師を呼んでの政経セミナー。後援会長には元北大法学部長で元公正取引委員会事務総長の弁護士厚谷襄児。
アカシア会の事務所から提出する資料は、政策秘書の加藤千穂が作った。上場企業では社長はじめ取締役間で回覧されていると言われている。政局の見通し、国会日程と上程予定の法案内容、外国の政府の人事、その略歴などまた今後の経済見通しを網羅的にまとめた。あたかも永田町辞典。政治家の勉強会では資料は数ページまたは、外部講師が多い中、加藤作成の50ページ以上の資料を前に私が講師となって説明した。もう少し資料を簡略にしたらと言うと、加藤いわく「野党の勉強会に100人以上の上場企業の人々がこれほど参加してくれるのは、資料が充実しているからです。簡略化はできません」。このような勉強会を20年以上続けた政治家は稀有だ。この資料を手に入れるため、参加した一部上場企業の方々が多くいた。勉強会を継続してほしいと言う企業、労組の関係者が多くいた。

(2) 札幌事務所の秘書

すでに引退していた自民党の岩本政光参議院議員の小林繁生秘書に党派を超えて私の秘書にとお願いした。公設秘書ではないので給与の保証もない、そんな中での要請だった。

小林の返答は、「杉本秀雄さんが事務所長になってもらうことができれば引き受けましょう」。杉本は小柄で目がキラキラして笑顔に満ちていた。政治家の事務所長のイメージは強面の御仁を想像していたが、全く違う印象なので少し面食らった。

そして2000年の再選をかけた選挙、4年間二人と共にまわった結果が出た。誰もが自民党候補を破るのは不可能だと思っていた選挙、4700票差で勝ち切った。自民党色の強い豊平区、白石区で勝つことは至難の業と評されていた選挙区で勝利を得た。

事務所には多士済々の人々がボランティアとして手伝ってくれた。その中で北海道拓殖銀行の紋別支店長だった中村喜栄治には教えられた。「荒井さん、銀行が支店を開業するときこうするのです」。

札幌事務所のメンバー

徹底的な戸別訪問だ。雨がひどいから今日は休みましょうと言うと「だから訪問するのです、この雨の中よく来てくれたと言って歓待してくれます、それに必ず在宅しています」。エリート銀行マンでさえ戸別訪問をする。営業の基本だ、選挙もそうだ。それ以来大雨や大雪の時「しめた、出かけるぞ」。選挙活動だ。

小林には15年間、4回の選挙を戦ってもらった。その後、私を支援した一部上場の札幌支社の部長に転出した。小林は「初めて土曜日と日曜日の休める職場となりました、荒井さんのおかげです」と言われた。

事務所の職員のその後の人生、政治家になる希望を持っていれば選挙の応援を、会社を作るのであれば協力を、会社に再就職するのであればその紹介に気を配るのは、政治家の義務だと思っている。何せ安い給料で満足に休暇もない劣悪な職場環境に甘んじてくれたのだから。

(3) 事務所の顧問弁護士

法律を作っている政治家は、意外と選挙関係や政治資金関係の法律に熟知しているわけではない。「各議員の危機管理への関心が足りない、与党になったらこんな程度では済まない。」それが吉峯啓晴の口癖だった。そして2009年民主党が政権を握った直後から、その心配は現実化した。総理をはじめ主要大臣の何人かに、吉峯が心配したことが起きた。野党となった自民党の攻撃は執拗で巧妙だった。しかも政治的なダメージを狙っていたのは明らかだった。おそらく将来、相手側政党のキーマンになりそうな周辺を洗い出ししていて、ここぞというとき表ざたにするという手法を使っていた。

私もやられた。政治資金で適切ではないものの領収書がある、との批判だった。そこで私は民主党執行部から推薦を受けた党の顧問弁護士に領収書のチェックをお願いした。問題なしとの回答を得たので4000枚すべての領収書を一時間だけ公開した。ところがその中に860円のユニクロの下着、コミック漫画などが含まれていた。4000枚の中の少額領収書数枚、よく新聞記者が短時間で見つけたものだ。先の調査した弁護士がおかしいと思い、急遽弁護士を変えて再度検証を頼んだのが吉峯だった。4000枚以上の少額領収書を2日で精査した。「荒井さん安心しなさい、おかしなものはないよ。料亭など高額店の出費もないし、赤提灯なみの飲食店ばかり。ユニクロの下着は選挙運動に必需品だ、堂々としよう。それにしても今度、荒井さんが普段使っている赤提灯よりいいところで私がご馳走するから」。

理不尽と戦う吉峯弁護士、「日本国憲法がマッカーサーの押しつけだというなら、女性に選挙権を与えたことも、治安警察を廃止したことも、労働関係法も戦後の重要法案はほとんど憲法と同じように作られたのだ。これらの法律は時代の風雪を経て国民に根付いているのだ。だから大事にしなきゃいけないのだ」。

「憲法でさえ閣議で解釈改憲できるなら、民法も商法もそして刑法さえも同じように変えることができることを意味する。明日刑法の条文解釈が変えられて、逮捕されることさえ起きかねないことを意味する。これ法治国家といえるかね」。その時の吉峯弁護士の声がよみがえる。

4．逆風にも耐える後援会を作る

政治家は個人事業主に近い。中小企業の社長はどんなに景気が悪くなっても、自らの工夫で売り上げを達成しなければならない。政治家もどんなに逆風が吹いても自らの努力で選挙に勝ち抜かなければならない。売る商品は自ら鍛え上げた政策と人間性である。優れた営業マンは商品を売るのではなく、自らの信頼を売るのだといわれる。後援会は優れた営業マンの集団だ。逆風であればあるほど営業マンは燃える。いかに優れた政策かを、どれほど魅力的な人間性あふれる人物かを周りに伝えてくれる。

自民党候補者と戦う野党の議員候補者は、保守票を20％以上、野党の固定票85％以上、そして浮動票を70％以上確保しなければ勝利は見えない。何せ相手は固い固定票を誇る公明党との連合軍だ。自民党の基礎票は民主党とのそれと比べて2倍、ひょっとすると3倍ほどの開きがある。これに打ち勝つには幅広い層に訴えることのできる後援会組織が必要だ。保守票は元来、自民党票だが、現在の自民党に辟易し、懲らしめの意味もあって野党候補にと選択する人も結構いる。しかもこれらの人は会社経営者であったり地域の町内会長であったりするので、基本的に自由で独立性の高い人だ。いったん応援してくれると熱を入れてくれる。また地域に根差している人々なので地方議員との関係性がより強くなる。その意味で野党系地方議員を増やすことが大事だ。私の任期28年間で4人の地方議員を9人にまで増やした。NPOの活動家、労組経験者、事務所の秘書経験者、高校同窓生後輩、地域で保育園経営者など幅広い地方議員を誕生させた。

これら支援者をまとめるのが後援会長だ。連合町内会ごとに作った地域後援会30か所。保守層に切り込むための企業後援会5後援会。その他同好会のような支援グループがかなりの数に達した。

（1）札幌の後援会長

地域の後援会や企業後援会、加えて支援グループなどこれらを束ねたのが地元では札幌の後援会長、親友の廣田聡だった。廣田とは50年以上の付き合い、札幌南高校の昭和40年卒業組で1年から同じ組の仲間だった。選挙事務所は見ず知らずの人が大勢出入りし、ともすれば言い争いや個性のぶつかりあいの場となる。しかし廣田が出ていくと不思議に収まってしまう。温厚で自分の利益を度外視する廣田の姿勢がだれからも敬愛された。口の悪い同期の仲間が、「荒井はどうでもいいが、あれだけ廣田が応援するのだ、やるしかないだろう」。また別の仲間は、「廣田、お前、なんでこんなに頑張るのだ、お前の利益にならないのに」そんなとき廣田はこう答えていた。「荒井は俺たちなのだよ、俺たちが社会はこうしなきゃ、こうすべきだと思ってることを俺たちに代わって、やってくれてるじゃないか」。

廣田は長年、札幌の宅建協会の会長に推されていた。そのたび選挙に弱い野党の国会議員の選挙をやるためと言って断り続け、ここにきてやっと会長を引き受けた。しかしその激務が彼の健康を蝕んだ。それから間もなく廣田は過労のため急死した。治癒が最も難しいとされていた胆管癌だった。その死に水を取ったとき私自身の政治への思いもぷつんと切れたように感じた。

二人でこの地域の独自の政党を創り上げたとの自負があった。この形が全国で展開できれば政権交代可能な政党になるとよく話した。
後援会長とは、その政治家のコインの表と裏の関係だとつくづく思うのだった。

(2) 若手経済人で作った後援会

私の地域後援会の最初の後援会は、清田区で浜田輝男、関幸夫などが立ち上げた。浜田は北海道でも有数の養鶏業者だった。関はコンピューター関係の会社社長。いずれも北海道を代表する若手経済人。私は予算委員会で航空問題を議論した直後、清田区で国政報告会をした。「羽田、新千歳路線は世界的に見ても大量に黒字を生む路線だ。しかし、運賃は高止まりしている。日本航空と全日本空輸の寡占状況なので運賃の低下が困難になっている。このことは乗客の不利益をもたらしているだけでなく、航空会社の競争力を損なっている。運輸省航空局はこの時代遅れの航空会社の体質に活を入れるために、新規の航空会社の参入をひそかに望んでいるのだ」と述べた。そのとき浜田が「俺が航空会社を立ち上げる。北海道の若手経済人に呼びかけ

故浜田会長（右）、故廣田（左）両人には助けられた

る。鶏卵は物価の優等生と言われ、激しい競争によって鶏卵価格を低く抑え込めているのだ」と声を上げた。「養鶏業者が飛行機会社ですか、大胆な試みですが、航空局長に会いましょう。航空局の協力が得られなければ会社の立ち上げも、路線枠も得られません」。面会した黒野匡彦航空局長は浜田に言った。「御巣鷹山へ行ってください。JAL機の悲惨な墜落現場を見てください。それでも気が変わらなければ、また来てください」。浜田は単身、山を登った。彼の決心は変わらなかった。それから浜田は鬼神のように働く。やっと羽田、新千歳の路線枠を獲得した。

ところが採算ラインは5枠なければおぼつかない。しかし内示されたのは3枠だった。自民党航空族の圧力だった。それを聞いた浜田は、会社の設立をあきらめると私にいった。航空局長に伝えると「荒井さん、浜田さんと一緒に来てください」。航空局長は「今回、政治的な状況で羽田の発着枠を3枠しか許可できませんでした。しかし3年後羽田の拡張工事が完了するので、優先的に発着枠を増加して割り当てることができると思います。諦めずに会社を設立してください」。エアドゥはこうして飛び立ったのだ。しかし苦労に苦労を重ね、とうとう心労で急死する。エアドゥの会社葬だった。私は弔辞を述べたいと思った。しかし会社側は自民党から余計な思惑を招きかねないので、遠慮してくれと申し入れがあった。浪人中でもあり、あきらめたが、今でも悔しい思いを持っている。与党自民党にあらがうのはこんなに難しいのか。

（3）地域に根付いた後援会

札幌市の場合、町内会の役員は地主、会社の役員、会社や団体のOBなど自民党的支援者が多いが、良識人が多く自民党の固定支援者ばかりとは言えない。むしろ野党議員が「町内会は自民党」との固定観念をもっていて熱心な接触をしていない。また町内会館を自民党の選挙事務所代わりに利用しているので、町内会は自民党の固定層と思い込んでいるきらいがある。私はよく公的会館を選挙事務所代わりに使用するのは、いかがなものかと疑問を呈していた。やがて市長が民主党系上田文雄に代わり、その使用例は少なくなった。また町内会会長の自宅前でよく街頭演説した。街頭演説は一般的には駅頭やスーパーマーケット前でするものだが、そこだけでは地域の有力者に聞いてもらえない。駅頭に加えて町内会の有力者にもぜひ聞いてもらう工夫が必要だ。窓が開きドアから住人が出てきて熱心に聞いてもらえればうれしくなる。ある時などご主人がなくなり生活費に困っていると言いながら、私に缶ジュースをプレゼントしてくれた婦人がいた。目頭が熱くなった。〃政治とは弱きものに光りをあてること〃との信念を再確認する瞬間だ。

白石区は豊平区と並んで保守層の分厚い地域。ほとんどの町内会長は自民党支援者だった。しかし、渕澤寛治が後援会長を引き受けてから町内会に私の支援者が増えた。現在10の連合町内会のうち荒井系は半数を超えた。町内会への進出は着実な毎日の努力しかない。町内会行事に参加し、相談事に親身になることだ。定期的に町内会館で小さな国政報告会、お茶飲みながらの懇談会を開くことだ。自民党系議員が日ごろ実施していることだ。民主党系は地域に入る努力がいま一つだ。

(4) 経済界、東京とのパイプ

普通の人が政治家の後援会に参加するというのは、勇気がいるものだ。特に選挙活動をしたことのない一般の人には敷居が高い。政策に賛同するとか人柄がよいとかだけでは後援会参加に二の足を踏む。その壁を乗り越えるにはもう一つ他の人に「なるほどと頷かせるもの」が必要だ。それが〝親戚〟と言うのと並んで〝学校の同窓生〟だ。小学校、中学校、高校、大学の同窓生だ。ただし私の場合、母校は名門進学校の札幌南高校、大学は東京大学だ。これでは親しみを持つどころか住民に距離感を持たれてしまう。しかしその高学歴の同窓生が「荒井はいいやつだ、ぜひ応援してやってくれ」と頭を下げて頼むと人は変わる。あのえらい「〇〇〇部長がそんなに言うのなら一度会ってみようか」と思ってくれる。会ったときの印象が「やっぱり役人あがりだからその臭さが消えないね、やっぱり南高卒業でしょう、私たちと違うのよね」と受け取られると支援者にはなってくれない。民主党の候補者は高学歴、役所勤務や弁護士出身などのエリート層が多い。なおさらである。高邁な理想論をぶちがちだ。生活に困りこの現実を政治の世界で分かってもらいたい人たちには、響かないのだ。選挙民の関心事は、年金や子どもの教育、冬の積雪対策など身近なことだ。むしろ市会議員の仕事ではと思うことが多い。そこに通じていると「あの人意外と私たちの気持ちわかってくれるじゃない、勉強してるじゃない。一つ期待してみようか。」となる。

山下信行は、東京大学の北海道同窓会の会長を長らく務めた。山下と東大同期は横路孝弘北海道知事、江田五月参議院議長、JR東日本の社長大塚陸毅、日本鋼管札幌支店長末岡明武など名士揃いだった。北海道では数少ない東大同窓生だったが、各界で大きな影響力を持つ人々を説得し、支援者とした。また山下は東京海上札幌支店長から平岸にある不動産会社の社長となったから、地域での人望を得ていた。豊平区の後援会長を、さらには地域連合後援会長を引き受けてもらった。政治にも造詣が深かったから私の政策を深める助言を度々もらうことができた。政治論にも詳しいのでよく労働組合の論理とぶつかることが多かった。また中央政治の情報を横路などから得ていた。私にとって最大の政策ブレーンの一人となった。そして小樽在住の会社社長である息子さんを、大築紅葉衆議院議員の後援会長を引き受けるよう説得した。いまや山下家が小型立憲民主党となった。

(5) 企業、団体の支援者

企業団体献金を禁ずるべきだとの議論が立憲民主党を中心にある。しかし企業や団体もまた社会の構成員である。彼らも政治に対し正当な主張をする権利があり、その主張を代弁する政党や政治家を応援する権利を有している。応援の表れの一つが献金であることは、不思議ではない。むしろ企業や団体を回って主張を聞いて回ることは、社会の実態を知ることになる。政治に何がいま必要かを知る

料金受取人払郵便

札幌中央局
承　認

5508

差出有効期間
2025年 4 月25
日まで
●切手不要

郵便はがき

060-8787

801

札幌市中央区北三条東五丁目

株式会社共同文化社 行

お名前

（　　歳）

〒　　（TEL　－　－　）

ご住所

ご職業

※共同文化社の出版物はホームページでもご覧いただけます。
https://www.kyodo-bunkasha.net/

愛読者カード

お買い上げの書名

お買い上げの書店

書店所在地

▷あなたはこの本を何で知りましたか。

1 新聞(　　　　　　)をみて　6 ホームページをみて
2 雑誌(　　　　　　)をみて　7 書店でみて
3 書評(　　　　　　)をみて　8 その他
4 図書目録をみて　(　　　　　　)
5 人にすすめられて

▷あなたの感想をお書きください。いただいた感想はホームページなどでご紹介させていただく場合があります。

〈個人情報の取扱いについて〉

(1)　ご記入いただいた個人情報は次の目的でのみ使用いたします。
・今後、書籍や関連商品などのご案内をさせていただくため。
・お客様に連絡をさせていただくため。

(2)　ご記入いただいた個人情報を(1)の目的のために業務委託先に預託する場合がありますが、万全の管理を行いますので漏洩することはございません。

(3)　お客様の個人情報を第三者に提供することはございません。ただし、法令が定める場合は除きます。

(4)　お客様ご本人の個人情報について、開示・訂正・削除のご希望がありましたら、下記までお問合せください。

〒060-0033　北海道札幌市中央区北３条東５丁目　TEL:011-251-8078／FAX:011-232-8228
共同文化社：書籍案内担当

ご購入いただきありがとうございました。
このカードは読者と出版社を結ぶ貴重な資料です。ぜひご返送下さい。

きっかけになる。経済政策や外交政策などは、企業団体からの意見を聞かねば理解できない。単に本や新聞からでは肌身に刺さらない。

1996年の選挙で惜敗した。2、3か月たったころ私を応援していた企業の社長がすまなさそうに訪ねてきた。「荒井さん、もう応援できなくなりました。自民党筋から荒井を応援するなら仕事を回さないと圧力がかかりました。会社の存亡にかかることになったのです。従業員もいますので申し訳ありません」。その時、気が付いた。この応援者は生半可な気持ちで応援していたのではない。選挙は始めたら綺麗ごとではなく何が何でも勝たねばならないのだ。勝負の鬼にならなければならないのだ。戦国時代なら戦いに負ければ首をはねられていたのだ。

後援会は企業レベルでも組織化した。企業群は、ほとんどが自民党支援だが、私と交流の経験のある企業に支援をお願いした。周りは自民党の支援者ばかりだから、その中で私の支援に回るのは勇気がいる。その取りまとめをした会長は故山縣尚武。北海道東北開発公庫北海道支店長、北海道の開発融資の責任者だった。そのあとを今や北海道を代表する経済人となったアミノアップ社長の高校同期生小砂憲一がやってくれた。自民党がにらみを利かせる世界、はねのける相当な勇気がないと後援会活動はできない。

その中で強力なのが中標津町の萬屋努だ。萬屋は北方領土の択捉島生まれ、幼少の時ロシア兵に追われ根室にやってきた。長じて〃千島歯舞諸島居住者連盟〃で北方領土帰還運動の中心として活躍するようになった。外務省のロシア課長が一目置く有力者、その力はロシア課長として着任すると真っ先に萬屋と意見交換する慣わしができていた。決して大きいとは言えない団体だが、その影響力は中央省庁の担当課長が直接、北海道の田舎にまで挨拶に訪れなければ外交が始まらないかの様相だった。

北方四島への発電機の供与など経済支援を実施することになった。政府間で事務関係を調整できないことから（名目的に日本領なので外国として取り扱うことができない）、この居住者連盟に政府代わりの役割を担ってもらった。もっとも萬屋など旧居住者は、不法に自分たちの故郷を占拠しているロシア人に無償援助をすることは感情的に納得できなかった。その感情的壁を乗り越えて災害で傷んだ四島の復興援助を実施できたのは、この萬屋など居住者連盟の人たちのおかげだった。私は北海道庁時代からビザなし交流など帰還運動の仕事を担当していたので自然に萬屋との交流ができた。元々萬屋は自民党中川一郎衆議院議員の中標津青年部長をしていた。それが私を支援するため自民党を離党し、民主党党員となった。選挙では共産党との選挙協力のため、生まれて初めて共産党候補に投票したと述べていた。後援会は有難いものだ。萬屋と一緒に応援してくれる異業種後援会の面々、ビルドテック社長の佐藤孝之。北電が大口の受注先で自民党の応援をと頼まれても、いや荒井を応援しているのでと断るのが常。

このほか企業レベルで応援いただいている企業はたくさんある。おそらく全体の2割ほどは、隠れ荒井の応援団だったと思う。本当にありがたく、今でも感謝に堪えない。

（6）労働組合の支援者

労働組合は民主党系の分厚い支援グループだ。後援会とは違うので選挙のたびに支援労組で選挙対策本部を組織化する。私は出身が公務員だったこともあり公務関係の労組が中心で選対が作られることが多かった。もっとも私は労組出身ではないので、何となくしっくりいかないことも多くあった。連合北海道の推薦を受けた初めての2000年の総選挙では、労組の方は私とはほとんど人間関係があるわけではなかった。できるならなじみがあって、勝てる候補者の支援に参加したいのが人情だ。前回負けて浪人中、なじみもない、相手は現職衆議院議員、テレビキャスター出身で知名度は圧倒的に高い。労組部隊の支援者は、なかなか集まらない。そんな中でも、同じ農林省仲間であった全農林労組の故上松俊彦元委員長が実力労組を口説きまわった。労働組合の選挙マシーンは貸し借りの世界でもある。義理と人情が今でも色濃く生きている世界だ。

上松全農林委員長

上松は直前の参議院選挙で自治労出身候補の選挙違反に問われ公民権を喪失していた。上松はまるでその時の借りを返してくれと言わんばかりに、最強の労組選対である自治労、中でも全道庁の支援を取り込むことに成功したのだ。それまで全道庁の委員長が衆議院選挙の選対本部の事務局長を引き受けることはなかった。それを破って全道庁委員長佐藤富雄が事務局長を引き受けた。さらには情報労連の山本弘和委員長、全郵政の松本容司委員長。そして全農林の天本裕治委員長、1999年おそらく北海道で最強の労組選対が構成された。しかし各種の選挙分析調査は、相手方の勝利と打ち出していた。そこで三井辨雄陣営の応援を得、保守票である企業票を加える戦略を講じ、後援会のチラシ配り電話掛けなど佐藤富さん流の緻密な戦術で、とうとう勝利した。奇跡の勝利と報じられた。今でも深い恩義を感じている。

佐藤富雄は、私が知事室長として赴任に当たり、全道庁労組をまとめて〝天下り反対ストライキ〟を指導した労組の闘志。それが5年後に私の選挙の中心で活躍する。人生とは面白い。その後、北海道労働組合総連合の事務局長になり知事選を引っ張ることになる。

2004年の北海道知事選挙、佐藤富雄が候補者にと説得に来たら、断れないなと覚悟をしていたが、案の定知事候補の要請にやってきた。私は周りの反対を押し切って、富さんの要請を受けて選挙に出馬、敗戦の選挙だった。富さんは、その責任をとって連合を辞職した。多くの人から連合の次期会長を嘱望されていたのにもかかわらず。

情報労連の山本が札幌市の連合会長の時「荒井さん、上田文雄市長候補の選挙対策本部長を引き受けて」と来た。分かりましたと引き受ける。当時民主党代表の菅からは、「荒井さんなんで？　選挙区で長年のライバルだった石崎君がいなくなるのだぞ」と。しかしここが私らしいところ。山本に頼まれたら、あの時の恩義を返さなきゃと決心していた。その時の経緯は別章「上田モデル」に詳しい。

全郵政の松本容司委員長、郵政民営化の反対の中心で議員活動をしたこともあり郵政関係者は、私を応援してくれた。今でも郵便局をバラバラにした竹中平蔵構想は間違っていたと思っている。日本の地域金融が弱体化したのだ。地域活動拠点を失ったのだ。その後公明党をも巻き込み3事業一体の会社形態まで回復させたが、往年の活力は取り戻せなかった。そして郵政民営化選挙。自殺者まで出した狂気の選挙だった。知事選後の浪人時代の選挙は、松本容司委員長が病身を押して選対委員長を引き受けてくれた。浪人の身なので選挙事務所を大幅に縮小しようとしたら、「事務所の縮小は駄目だ、どんなに苦しくても今の規模で頑張れ、士気にかかわる」とガン病棟からの大号令。全国で4番目の高得票で大勝利の選挙結果を知った直後、松本委員長は肺がんのため59歳の若さで息を引き取った。私は弔辞の中で「永遠の選対委員長」と呼び続けた。

北海道3区は自民党候補を破るのは、極めて難しい選挙区と言われていた。にもかかわらず勝利を重ねることができたのは、労組、企業、そして後援会、異質の体質を持っているが、これを調整していた廣田と、南高校先輩の斎藤州男がいたからだ。これを荒井方式と言う。この野党勝利のパターンをみた労組関係者は3区での経験を広めてくれた。これこそ民主党が政権取りのための戦術、戦略として考えてほしい。

第3章

国の形と私の携わった大型の政策

野党は経済財政政策と外交安全保障分野で政策つくりに携わった経験が乏しい。原子力発電政策も含めたエネルギー政策も難問だ。政権を握るとすぐさまこの難問を前に進めなければならない。野党時代に鍛えていなければ窮地に直面する。何を鍛錬するのか。

特に国会対策は戦略性をもった対応が必要だ。

「野党の国会対策は、共産党も含め野党全体が結束することだ」

「与党の国会対策は野党を分断することだ。それに乗っては駄目だ」

故渡部恒三国対委員長言

1．日本の政治・経済体制の変遷

(1) 現在も残る戦時立法による制度・政策

戦時立法によって導入された制度・政策は今でもいくつか残っている。例えば、強い軍隊を作るために農村から若い青年を徴兵すると地方が疲弊する。これを防ぐために、当時の政府が作った制度の一つが地方交付税である。また税の徴取率を上げるため、それまで申告制だった所得税を給与からの直接徴収とした。

また、年金制度も戦時立法で作られた。当時は軍人に支給する恩給年金しかなかったが、戦争中、軍人や物資を輸送していた船が次々アメリカの潜水艦に沈められた。乗船中に亡くなった軍人は軍人恩給で補償を受けられたが、船を運航していた船員には何の保証もなかった。船員たちの不満を和らげるため、日本の民間年金における初めての例となった船員年金が誕生し、この船員年金を母体にして厚生年金や共済年金などが誕生している。以上のことからも日本の骨格は戦時立法によって作られたと言えなくもない。

（2）マッカーサーによる戦後五大改革

1945年10月マッカーサー総司令部は日本の軍国主義の排除と民主化社会の建設と言う目的のため5つの改革を日本政府に指示した。

1. 婦人の参政権を始めとする婦人解放
2. 労働組合の助長など労働基本法の成立
3. 教育の自由化民主化
4. 治安維持法の廃止など秘密警察の廃止
5. 財閥の解体や農業の地主制度の廃止　など経済機構の民主化、である。

特に問題視したのは、軍国主義の温床となった小作農の存在と並んで劣悪な環境で労働を強いられていた労働者の存在であった。マッカーサーはニューディール政策下のリベラルで若い官僚を日本に呼び寄せ、民主主義的な労働関係法規を作らせた。カルビンスキー初代労働課長、跡を継いだT.コーエン課長などであった。日本側では末広厳太郎などの法律研究者や西尾末広など労働者側識者も関与して、いわゆる8時間労働など労働の最低基準を定めた労働基準法、労働者の団結権を定めた労働組合法、労使間が紛争の際、調停の仕方などを定めた労働関係調整法の労働三法が成立した。ただし公務員の争議権については、マッカーサー司令部内で意見が分かれ、結局人事院制度の代償機関を通じて行うこととなった。

カルビンスキーはわずか1年程度の任期であったが、帰国に際し「自分は末広厳太郎氏など日本の叡智と協力し世界で最も民主的な労働基本法（労働三法を指す）を立法することができた。ついては非民主化の象徴でもある労働ボスを生み出す土壌（派遣労働法を指す）を再び作ってはならない」と言い残した。労働ボスとは、戦前に広くあった〝たこ部屋〟の親方である。労働賃金のピンハネが幅広く行われていた。その前提が「労働者の派遣を認める制度」にあった。労働ボスが労働者を集め作業現場に派遣し、構造的にその賃金のピンハネをしていたのだ。戦後長らくカルビンスキーの遺訓は労働省に根付き、職業安定法により労働者の派遣活動は原則禁じられていた。派遣は通訳など専門的な職種に限られていた。

ところが1980年代に法の網をくぐり請負の名目で実質派遣会社が活動を活発化していた。この現実を受けて経済界は、人件費総額を減らすため派遣労働を解禁することを求めた。中曽根首相は、新たに派遣労働法を成立させた。こののち小泉政権時代に経済界（竹中平蔵氏など新自由主義者）から強い要請を受け、工場労働者を含む派遣職種の大幅な解除さらには、○○○以外は許可すると言うネガティブリスト方式に変更した。実質的な派遣労働の規制が解除されたのだ。

その結果が低賃金労働者の大量出現だ。このことが一般労働者の賃金抑制につながった。大量の低賃金派遣労働者群を許容しその結果社会の中間層という安定勢力を失ってしまった。すでにこれらは、旧経済企画庁のマクロエコノミストが指摘していた。日本経済の長い間続くデフレは、経済界の賃金抑制策が内需拡大を阻んでいたことから生み出されたのだ。

日本の民主化のためのマッカーサーの五大改革のほとんどはその後の日本の民主国家の基礎となった。しかし労働関係制度だけが、経済界と新自由主義的自民党によって改悪された。戦後一貫して企業の農地所有を禁じ、小作を生み出さない政策を堅持した農林省との違いは明らかだ。

2．民主党の政権交代で何ができたか

(1) 伝統的な自民党政策からの脱皮

・デフレ宣言

経団連など生産者や輸出産業に向いた政策が自民党の伝統的な政策だった。長年日本の経済状態は過剰生産、消費不足のデフレであった。にもかかわらず、消費増対策ができていなかった。なによりも経済状況がそれまでの自民党経済政策の失敗により現出したデフレであることを宣言できていなかった。デフレ宣言は民主党政権下でしか行えなかった。

・最低賃金の引き上げ

さらに消費者の購買力をかさ上げするには、所得向上が必要だった。このため、最低賃金の上積み

を図ったのは、民主党政権である。最低賃金の上昇は、自民党の集票基盤である中小企業の大反発を招くため自民党政権ではできなかった。

・原子力政策の見直し

また経団連の中でもっとも影響力のある電力会社の最大の関心事が原子力発電の運転。ともすると安全性を軽視しても経済的な運転にこだわり、通産省、経産省に圧力をかけ続けていた。原子力村は自民党の有力議員とも関係が深かった。原発政策の大改革は民主党政権でしかできなかった。

(2) 自民党を支えた人材とは異なる逸材の出現

・日本航空の再建

国土交通大臣は前原誠司。自民党政権時代の負の遺産である日本航空の再建に苦吟していた。再建を引き受ける経営者(主な経営者は自民支援者人材)がいないのだ。そんな中で引き受けてくれたのが、前原の実質的な後援会長であった稲盛和夫京セラ会長であった。

稲盛は経営の神髄を我々政治家に見せた。日本航空に乗り込み、最初の試みが日本航空OBの企業年金の減額である。受給権の確定している既得年金の減額は、財産権の侵害であるから法律で厳しく制限されていた。数千億円の赤字処理をしなければならないのに多くても数十億円にしかならない企業年金の配当金減額は焼け石に水だろうと思った。また、受給されている日本航空OBは承認しないだろうと思い込んでいた。しかし、稲盛は成し遂げた。最も困難な業務から手を付けたのだ。日本航空従業員に本気度を示した。OBは減額を承諾する。再建は軌道に乗る。ともすれば我々はある目的のため何かをしようとするとき、まず身近なところから手を付けるのが一般的だ。稲盛は違った。最も「困難なところから手を付ける」のが改革だということを教えた。

・社会貢献事業者が表舞台へ

貧困者への年末の炊き出し活動や子ども食堂の運営など社会貢献事業者は、ともすると市民活動に近いとされて自民党政権では見放されていた分野であった。1995年阪神淡路大震災の際、震災復興ボランティアが大量に神戸に押し掛けた。しかし、受け皿がない。自転車を乗り継いで被災地についたはいいが何をしていいかわからない。挙句の果ては邪魔だから帰ってくれとさえ言われる。最も効果的なボランティア活動をしていたのは広域暴力団だったとの笑えない話もあった。

当時、ボランティア集団組織は法律的位置づけがなされておらず、法人格を作ることもできなかったので事務所も電話も設置できなかった。法人格を持てば連絡もでき、被災地でどのような人材が必要なのかも理解できる。そこで自民党とともに作ったのがNPO基本法である。この法律は税金逃れにならないか、非合法組織の隠れ蓑にならないかなどの論点を整理し法律はできた。基本的に市民活動の是認なので自民党には冷ややかな空気があったが、当時、自民、さきがけ、社会党の連立政権で、自民党の政調会長加藤紘一が自民党幹部を説得した。この法律ができて児童対策などの専門家、駒崎弘樹の活躍の舞台ができた。彼は休眠預金口座の資金を社会貢献事業に活用する制度を新設した。

・自殺対策

経済不況もあって自殺者は毎年2万人を超えていた。交通事故死者数を上回っていた。しかも中年の働き盛りの人々が多く自殺していた。それでも自民党政治では自殺対策がメインの政策とはならなかった。人口減少が日本社会を蝕んでいた。本来、交通事故対策より重要視するべきであったが自民党政権では軽視されていた。ＮＨＫを退職し自殺対策のボランティア活動をしていた清水康之を内閣参与に登用した。彼の意見により5月と11月に自殺者が多いこと、彼らはハローワークに行くことが多い等、知見を披露してくれた。それで自殺対策月間を5月と11月と設定し担当大臣自ら駅頭で自殺を防ごうとキャンペーンを始めた。またハローワークに自殺相談窓口を開設した。その結果、民主党政権下で自殺者は激減した。

・障害者対策の飛躍的充実

１９９３年の障碍者基本法の精神障害者を含む抜本改正、２０１２年から民主党政権下で障害者総合支援法、雇用促進法、虐待防止法など自民政権では手を付けてこなかった分野の抜本改正を行った。

・第三の公共事業

鉄筋とコンクリートだけの公共事業ではなく、英国のサッチャー首相時代に制度化したグラウンドワークの日本版など、NPOを主役にした小規模の公共的事業や社会貢献事業者の育成を目的とした。地方創生事業に今でもつながっている。

3. 象徴天皇制、戦没者慰霊の活動

戦後憲法は象徴天皇制となった。現在、最もリベラルな人たちは皇室なのではないかと私は考えている。それは靖国神社参拝の距離に表れている。昭和天皇も戦後間もない頃は戦争で犠牲になった人たちを慰霊するために靖国参拝をしていたが、東条英機以下、東京裁判で戦犯となった人たちが靖国神社に合祀されるようになって以降、昭和天皇以下、皇室は靖国神社参拝をなされていない。

さらに皇室の大きな仕事というのが戦争犠牲者への慰霊。太平洋戦争ではフィリピンを含むアジア各国で民間人も含めて約1000万人が犠牲になったと言われている。その犠牲者の慰霊の行事を今でも続けておられる。戦争によって亡くなった船員の慰霊碑が横須賀にある。ここにも天皇陛下以下

皇室は二年に一度参拝をしている。

2018年、平成天皇の生前譲位の意思が伝わってきた。現行の皇室典範では、生前譲位は認めていなかった。しかし、天皇の意思は固かった。

私は密かに大島理森衆議院議長を訪ね「生前譲位問題は、憲法にならぶ別格の法律である皇室典範の問題です。憲法を守る立場の政府ではできません。原発事故調査の委員会を作ったことを参考に、国会に生前譲位を議論する場を作り、国会が総意として特例法を起草すべきです」。

大島議長は「荒井さんもそう思いますか。実は私もこの問題は政府だけに任せることはできないかもと思っていたのです。」「ただしこの問題、荒井さんの胸にしまっておいてください、微妙な問題ですから」。

それから1か月、年が明けて大島議長が動きだした。議長の要請を受ける形で政府から皇室典範特例法が提出され、生前譲位が実現した。天皇制の問題は国家の基本だ。

女性元首を禁じるのは、世界的にも日本ぐらいだ。女性天皇を認める皇室典範改正をする時が来た。政府の仕事ではなく国会の仕事である。

日本の皇位は皇室典範により天皇の血を引く男系男子のみと定められている。しかし、このような体系はヨーロッパでの継承方式から見ても珍しくなった。第二次世界大戦後、女性にも参政権が認められ、男女同権が強く意識されるようになった。デンマークでは1953年憲法と王位継承法が改正され、女子も王位継承権が認められた。スウェーデンもまた1979年同様の法改正が行われた。この後オランダ、ノルウェー、ベルギーも長子優先の継承権とした。

国民と同じ目線に立とうとしている皇室だけが男系男子の継承権にこだわっているのは異様に見える。天皇家のご意向を聞いているのだろうか。男系男子に限る現在の継承方式では適格者がいなくなる恐れがある。男女平等、多様性の時代意識が強まっている。皇室の祖先アマテラス大神は女性ではないか。他人が法律で跡継ぎに制約を加えている方式は改める必要を強く感じる。

もう一つ、歴代天皇陵古墳の発掘を宮内庁は認めていない。日本の古墳時代の学問的解明のため解禁すべきだ。卑弥呼の陵墓も見つかるかもしれない。宮内庁所管の古墳の発掘が認められないことから、どのぐらい長くいたずらな論争を繰り広げてきたことか。

朝鮮半島との関係も解明されるだろう。

4．日本経済の大転換、乗り遅れる北海道の政治・経済体制

(1) 押し寄せる国際的な自由化

戦後しばらくの間は食料やエネルギーなどが不足しインフレの状態だったので、経済政策としては生産者を刺激して増産する。これが国の大きな使命でもあった。その中心となったのが米と石炭だ。

ところが、1980年代に入り日本経済の大転換が起こり、国際的な自由化が押し寄せる。北海道の政治・経済体制はそれに乗り遅れた。1993年、私は知事室長を辞め農水省に戻ることになり、北海道の経済人に向けた講演会で金融自由化や建設業の自由化など、国際的な自由化の波が必ず来ると指摘。北海道の経済、政治に激震が走るだろうと予言した。

指摘のうち、金融自由化は1997年の北海道拓殖銀行破綻で現実化し、米の自由化についてもGATTウルグアイ・ラウンドの受け入れにより実施される。ただ、米の自由化に対しては、ある意味北海道に関してはプラスに働くかもしれないなと思っていた。なぜなら、全国で米の生産性に関して最も競争力があるのは北海道だから、他の生産地を凌駕していれば、決して悪いことではないと考えたからだ。とは言え、一時的には北海道の米産業は大打撃を受けるであろうから、そのための対策が必要であろうと考えていた。

建設業の自由化について、当時の官庁はほとんどで受注調整をやっていたが、公にはなっていなかった。私はこうした官庁による受注調整は自由化の名目でできなくなるだろうと示唆した。結局、官庁による受注調整、官庁談合の排除を目的とした法律ができてしまって、北海道開発局などは司法の捜査を受け相当なダメージを受けた。しかしながら、建設業の自由化は一番遅れているのかもしれない。

(2) 国際的な新自由主義の圧力による商法改正

国際的な新自由主義の圧力で商法改正がなされた。ちょうど今から20年くらい前に、「会社は誰のものか」という問いかけがあった。ホリエモンに代表される若い資本家たちはアメリカ流の「会社は株主のものだ」とあっさり言ったのに対し、日本の伝統的な松下幸之助のような経営者は「会社はお客様のものだ」「従業員のものだ」という前者とはかけ離れた経営をしていた。アメリカ流の株主優遇の会社法改正が行われた。会社は株主のものという考え方となれば、会社自体が商品になるので、売買につながる。最近は米国でも会社の経営方針もこの株主優遇の考え方から地域貢献など日本方式の経営に転換しているように思う。どちらが健全かというと、私は日本の伝統的な企業ではないかと思う。

5．新成長戦略の作成

(1) 民主党はパンドラの箱を開けた

２０１０年の最低賃金を決める雇用戦略対話が始まり、雇用問題は、私をはじめとする総理補佐官チームが引っ張っていた。政府側から最低賃金の提示を行った。突然中小企業団体の代表からは「民主党政権は中小企業をつぶすつもりですか？　民主党政権はとうとうパンドラの箱を開けたのですね。とても飲めません」。自民党政権に比し、かなり高い最低賃金額を提示したのだ。それをめぐって団体側と政府側で侃々諤々の激論が続いた。

司会役の私が発言した。「先ほどパンドラの箱を開けたとおっしゃいましたね。パンドラの箱は、あらゆる災厄の神様が開け放たれるのですが、それでも最後に残った神様がいました。それは希望という神様です。でもいま日本のアルバイトの人や派遣労働者の方の最低賃金、これでは結婚して子供を育てる希望さえ持てません。ここに出席されておられる方々は、日本を代表される良識と見識をお持ちの方々です。是非日本の明日を担う若者に、希望という神様の存在をプレゼントしようではありませんか」。とうとう納得をしてくれた。当時、雇用戦略チームでは「荒井さんのパンドラの箱説教」と称賛された。

(2) 新成長戦略の作成

もともと自民党は「民主党には成長戦略、経済政策がない」と非難し続けていた。予算編成にも目途がついたので、言われっぱなしでは腹が立つのでやろうじゃないか。そのお鉢が私に回ってきた。私は20代で農林省で土地改良長期計画を手がけ、40代で北海道庁に出向、第4次の北海道開発計画を手がけた。そして60代で日本の成長戦略の作成をすることになった。2009年12月にわずか2～3週間で基本計画を作り上げ、新装となった総理官邸で水素自動車、ロボット、宇宙ロケットなどの展示を行った。平野博文官房長官が目を白黒させていた。新しい時代が幕開けしたと国民に訴えた。

6月に鳩山内閣が退陣し、新たに菅内閣が発足した。官房長官かなと思ったが、新設の国家戦略大臣に任命された。

私の仕事は、新設の国家戦略室を率いて新成長戦略を作ることだった。6月8日に菅内閣が発足し、6月24日にG8、G20に向けてカナダ出発が控えていた。カナダでのG8のテーマは「成長に優しい財政再建」。補佐官時代から手掛けていた新成長戦略と財政運営戦略を完成させ、菅総理に持って行ってもらおう。いずれも特に、新成長戦略は私が補佐官時代に事務局長として直接手掛けたものなので完成できるだろうと思っていた。2週間で二つの膨大な計画書を作り上げなければならない、担当職員はとても無理です、作れるなどと無謀なことを総理に言わないで下さいと申し入れに来た。私はやってやれないことはない、途中で倒れてもいいからやろうじゃないか、アメリカやドイツに一泡吹かせようじゃないか、職員を叱咤激励した。この種の計画作成は、事前準備が3分の1、構成して書き上げるのが3分の1、残りが各省庁折衝なのだ。

この各省庁折衝が一番難物。大臣が出てきたり、関係団体が場合によっては大物OBが出てきて強烈な意見を出すのだ。官僚はその困難さを知っているので、文章はある程度できていても各省庁調整に手を付けられない。計画書の完成は不可能だとしたのだ。そこでこの交渉を私が一手に引き受けることにした。まさしく政治折衝。各省庁の大臣なり副大臣に来てもらって、一つずつ折衝をするという手順を踏んだ。

その結果、6月18日に閣議決定をするというところまでこぎつけたが、原口一博総務大臣だけが閣議署名をしないと伝えてきた。それでは閣議決定にならないため、閣議の日テーブルについた時、こういう風に修正するので了解してくれと交渉をした。閣議決定の場で、交渉了解を取り付けるというのは前代未聞だった。

その4日後、今度は財政運営戦略の閣議決定だった。経費71兆円、国債償還費20兆円を加え予算規模91兆円を3年間続ける。5年後にプライマリーバランスを現在の赤字幅から半減させる。10年後にバランスをプラスに転換させるとの計画書ができた。緊縮財政の押し付けなので、この閣議決定は難航するなと覚悟をした。6月23日、菅総理がG8に出席のためカナダに出発する日に財政運営戦略を閣議決定しようという離れ業を演じる。G8の主要命題は「成長に優しい財政再建」。日本だけが財政再建策がないというわけにはいかない。そんな事情を閣議の席で縷々説明した。岡田外務大臣が閣議の席でこんな大事なことを直接閣議に持ち出すのは拙速ではないかと言う発言があったが、なんとか理解していただいて閣議了解にこぎつけた。次の日その両方の閣議決定の新成長戦略と財政運営戦略を携えて菅総理はカナダに飛び立った。両戦略はG8の場で評価され菅総理の外交デビューとなった。

この新成長戦略は、従来の自民党型の成長戦略と異なり最も民主党的だと自信を持っていた。それ

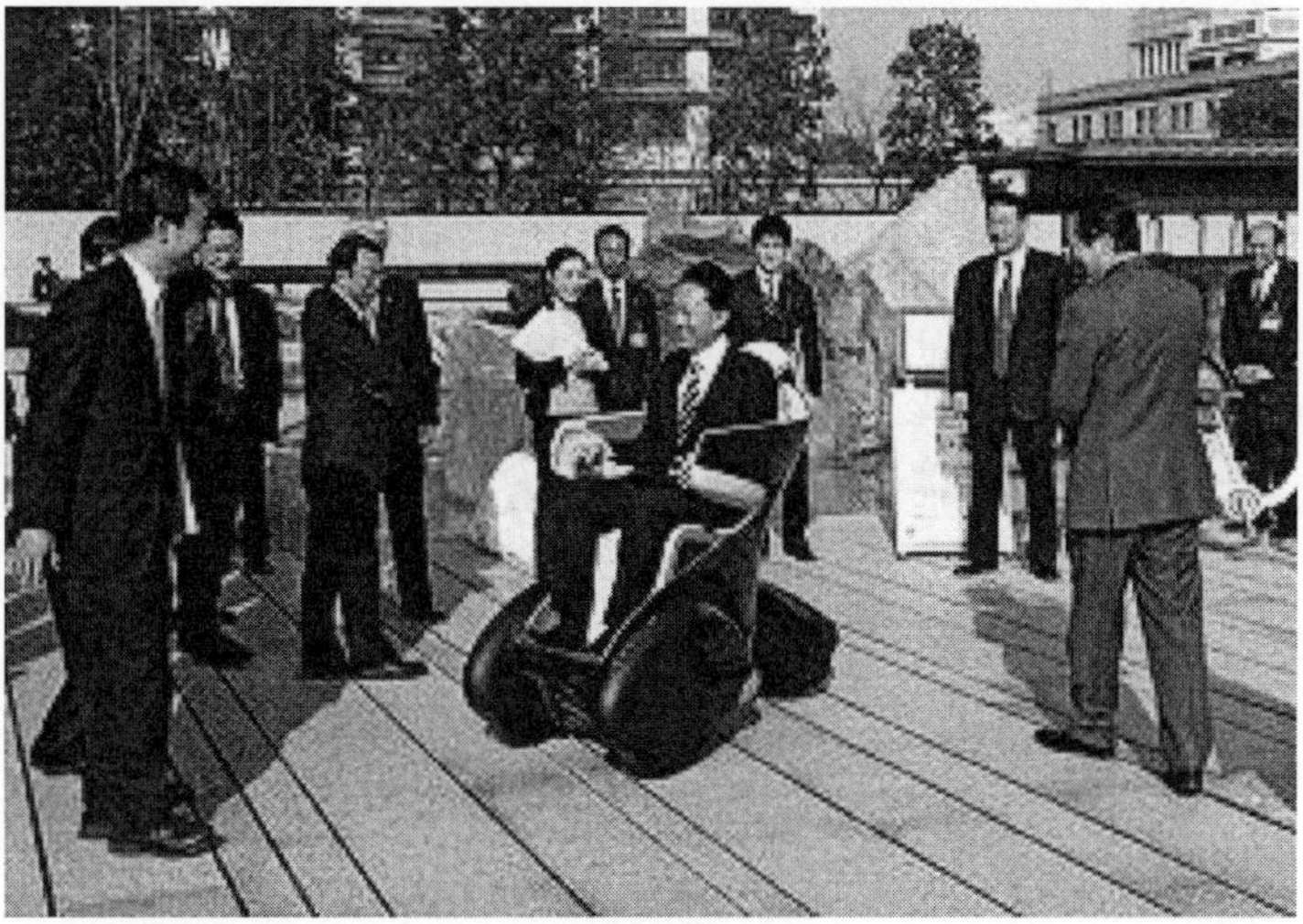
2009（平成21）年12月30日、新成長戦略発表会

は旧来の成長戦略は供給サイドに主眼を置いていた。つまり生産者、具体的には経済団体連合会や商工会議所などに著しく配慮したものだった。しかしデフレの経済状況は生産過剰だから、生産サイドの配慮はむしろ生産過剰に拍車をかけることになる、今必要なのは需要サイドの計画だ、特に内需拡大型の計画が必要だと考えた。過剰生産型では生産サイドの行動は過剰な競争を招き、価格低減競争になり、それが勤労者の給与低減を招く、一層デフレの闇に落ち込む、これが自民党型の経済政策の欠点だと考えた。したがってどのように需要を作るかに主眼を置いた。

それまで社会保障や農林水産業など国の財政を負担する分野は、自民党時代は成長分野ではないとされていたが、私の計画は逆だった。つまりデフレの原因が需給ギャップにあるのだから、その需要不足分約50兆円の需要を作る。そこに光を当てることが大切だ。加えて正規の雇用を新たに創出し、需要部分を作り出すという考えだ。これで名目3％、実質年率2％の成長を見込める。

またデフレの大きな原因に派遣労働者問題があると分析した。派遣労働制度は、戦後長く解禁しなかった。最初に破ったのは、中曽根総理だ。この時は職種を限って解禁したので影響は小さかった。しかし小泉政権の時、竹中平蔵の新自由主義的思想の後押しで全面的な解禁をした。結果、今や2000万人の非正規雇用者が現出し、それが低賃金の最大の、つまりデフレの最大の理由となったのだ。私は日本経済の停滞つまりデフレからの脱却ができないのは、この派遣労働法の解禁にあったと思慮している。また日本の社会保障は、安定な職場が確保されていたことが大きかった。ある派遣労働の女性がこう語っていた。「いつ派遣を切られるか、いつもピリピリしていました。精神的にいつも不安でした」。これでは安定した社会保障の国とは言えない。

私が作成した成長戦略は、政権が自民党に復し、元の生産者側（経団連）を向いた成長戦略に戻されるのだが、社会保障や農林水産部門が成長部門だとの中身の部分は引き続き踏襲している。しかし日本の経済回復は、アベノミクスすなわち金融緩和、株価上昇策では効果は極めて限定的で、デフレ脱却はできない。徹底的な需要創出、そのための雇用環境の改善による所得増加なくしては日本の経済回復はできない。私の予想通りあれから10年、日本の経済上昇はそれまでの自民党政権時代に戻ってしまった。むしろここにきて悪性インフレの様相を示してきた。もう数年私にこの新しい成長戦略を具体化させてほしかった。

いまなおこの計画は、その適格性を失っていないと思っている。

6. 原子力発電の安全神話

アメリカの原子力発電の専門家と意見交換する機会があった。その専門家は「日本に〝神風〟が吹きましたね。アメリカの専門家は、もっと大きな被害になると危惧していたんです。」と述べた。私は「アメリカから持ち込まれた安全神話に対抗するには、〝神風〟しかなかったのですよ」と答えたものだ。

当時の野田政権は、大飯原発の再稼働に前のめりになっているように見えた。「福島第一原発の過酷事故は津波による全電源喪失だ。その対策さえ講じれば原発は安全なのだ。」これでは第二の安全神話である。安全神話は、過酷事故対策を怠ることになった原因である。安全神話がよみがえれば従来と同じである。再び事故を起こさせないために、安全神話から脱することこそ急務なのだ。

（1）原子力発電原子炉は原子力潜水艦の原子炉が起源

アメリカ海軍は、原子力のエネルギーを原子力潜水艦の推進エンジンとして利用する技術開発を行っていた。原子力エンジンにすれば、頻繁な燃料補給や、燃焼のための酸素補給もする必要がなく、それまでの戦術を抜本的に改変できるからである。

アメリカ海軍は出力1万キロワットクラスの原子力エンジンの設計と製作をアメリカの軍需企業である「ウェスティングハウス・エレクトリック社」と「ジェネラル・エレクトリック社（GE）」に依頼した。前者のタイプを圧力水型軽水炉、GE社製を沸騰水型軽水炉という。核分裂を起こさせる中性子の速度を軽水（普通の水、これに対し特殊な水を重水という）で減速させる構造を軽水炉といい、現在の原子炉のほとんどはこの形に属する。（初期の原子炉では黒鉛で中性子の制御をする原子炉もあった。チェルノブイリの原子炉は黒鉛型である。）

ウェスティング社製とGE社の違いは、直接原子炉内の高温水でタービンを回すか、いったん熱交換してその高温水を使ってタービンを回すかの違いである。いわば鍋を沸騰させ、その高温水を直接使うか、鍋の中に小さな鍋を入れて、その小さな鍋の高温水を使うかの違いである。なぜこの特色が出たかは、放射能の影響をどう見るかの設計思想の違いといえる。すなわち原子炉内の高温水を直接使うほうがエネルギー効率は良い（経済性が高い）のだが、放射能を帯びた高温水でタービンを回すので外部にその高温水が漏れると、直接放射能被曝する危険性が高いことを意味している。

アメリカ海軍は結局、ウエスティング社製を採用した。海の中で揺れる潜水艦のエンジンである。より安全性を重視したものと想定される。最初の原子力潜水艦がノーチラス号である。1954年進水した。こうして原子炉を動力炉として利用できるとの道が開かれた。

(2) 原子力発電の重大事故の理論的研究

アメリカ政府は、潜水艦原子炉の技術を民間の電力会社が発電に応用することを奨励した。しかし民間会社は、重大事故時の損害賠償額が明らかにされず、損害保険会社が乗り出してこなかったため原子力発電に消極的であった。このためアメリカ政府は、1956年、ブルックヘブン国立研究所に「大型原子力発電所における重大事故の理論的可能性と結果」について調査を依頼、翌年結果を得た(WASH-740)。

その内容は潜水艦用原子炉に比べ、大型になったことから放射能被害が甚大となり、大都市から約50キロメートルの距離にある20万キロワットの原子炉に過酷事故が生じた場合「死者3400人、放射能障害者43000人」と推定した。このことは、商業ベースでの損害保険が成り立たないことを意味した。そこで政府出資の賠償制度を規定する「プライス・アンダーソン法」を成立させた。我が国でもこれに倣って「原子力損害賠償法」を1961年成立させた。アメリカ国内での原子力発電のブームが来た。

原子力発電の規模が100万キロワットに拡大したことなどから、アメリカ政府は改めてWASH－740の改定を試みた。その結果は原発関係者の期待とは異なり、20万キロワット規模とは違った重大さが指摘された。すなわち小型炉では原子炉を止めると自然に冷却されるが、大型炉では崩壊熱により冷却材が喪失し、内部の温度が上がり続け、メルトダウンそして原子炉破壊が生じるとした。(福島第一原発でも、スリーマイルでもそのとおりになった）ただし、この調査結果は影響が大きいため公表されなかった。

1975年、アメリカ政府はプライス・アンダーソン法の改定に際し、重大事故が起こる確率は極めて低く、「巨大隕石」の落下の確率並みだとするいわゆるラスムッセン・レポートを作成した。このレポートはアメリカ政府、電力業界、原子炉メーカーが期待したものであった。つまり事故の起こる確率は極めて小さく、それゆえ損害賠償はめったに起こらないとするものであった。

これが安全神話の理論的根拠となった。ラスムッセン・レポートは発表直後から批判されていたが、5年後にスリーマイル島原発事故、そしてさらに7年後のチェルノブイリ原発の事故が起き、その確率論的推論の誤りが明らかとなる。巨大隕石の話は、その後も尾ひれがつく。ヨハネの黙示録第8章で「ニガヨモギと称する巨大隕石が落ち、水が汚され多くの人が死ぬ」との予言がある。チェルノブイリのロシア語の意味はニガヨモギである。

（3）スリーマイル島原発事故とカーター大統領の原発政策の大転換

1979年3月28日（午前4時）出力96万キロワットのスリーマイル島原発（TMI）の冷却用ポンプが停止した。15分後に放射能汚染水と放射能気体が外部に流出。2時間後に燃料棒が破損、水素ガスが発生。午前7時「一般市民の健康と安全に深刻な影響を及ぼす恐れのある事態」の状態に至った。不可欠要員を除きTMIから退去。しかし報道では、「すべて順調に制御されています。安全性に問題はなく正常値を上回る放射能は検出されていません」ということが繰り返された。翌日、放射能汚染水を報道関係者や住民に知らせることなく川に放流、メルトダウンしていることが判明、20キロ圏内の住民の屋内への避難勧告。3日目に至り水素爆発の危険が高まり、ヨウ素剤の配布。4日目カーター大統領が夫人を伴って現地に到着。住民の避難は続行。

以上の経緯は、カーター大統領委嘱のケムニー委員会報告に書かれているものだ。いかに福島第一原発事故と酷似していることか、汚染水放水、報道のされ方までそっくりである。ケムニーはダートマス大学の学長、数学者である。事故後2週間で調査委員長に就任、6か月で調査を収束させている。1年半かけて調査した原子力規制委員会（NRC）の第三者委員会報告（ロゴビンレポート）より、ケムニー・レポートのほうがそのスピーディさ、大統領直属の点で社会的、政治的影響力が大きかった。ケムニー調査委員会の勧告により、その後のアメリカは、原子力政策を大転換するのである。

ジミー・カーター元大統領は、原子力潜水艦の原子炉設計技師であった。（アメリカ海軍はカーターの栄誉を表し、最新の原子力潜水艦にジミー・カーター号と名付けた。）若いころカナダの原子炉事故収束に派遣され、被爆も体験している。政治家に転身、大統領になって原発事故に遭遇したのだ。原発のことを最も知っている政治家だったろう。彼が取ったその後の原子力政策は、原子力エネルギー委員会の大改革、核燃料サイクルの取りやめ、使用済み核燃料再処理の取りやめなどである。30年後のいま日本が検討しようとしていることそのままである。

(4) 原発事故の実際——神風と呼ばれたこと

・工事の不手際

アメリカNRC（原子力規制委員会）のヤッコ委員長は福島第一原発の全電源喪失を知り、すぐさま事故のシミュレーションを開始した。結果1、2、3号炉のメルトダウンは確実だと確信した。しかし、日本政府の発表は燃料の損傷であって、燃料棒の溶融を否定した。このためヤッコ委員長は、日本政府が重大な事項を隠していると疑った。特に重視していたのは4号炉の原子炉から取り出して間もない使用済み核燃料棒を貯蔵しているプールの状態であった。沸騰水型ではこの貯蔵プールは、格納容器の上段の3階にある。初期の沸騰水型原子炉の弱点は、この中空に存在する燃料貯蔵プールと下部の圧力抑制室（2号炉で爆発音が聞こえたのはこの部分）にあることを熟知していた。この貯蔵プー

爆発後の3号機原子炉建屋（2011年3月15日撮影、資源エネルギー庁提供）

ルもまた冷却水を循環させなければ、崩壊熱で蒸発することは確実だ。水がなくなれば大量の放射能が放出される。しかもその熱でプールの基盤が痛み、余震で崩れると手が付けられなくなる。メルトダウン以上の大災害となることは、確実である。このことを憂慮したヤッコ委員長は、50マイル（80キロメートル圏）以遠への避難勧告をオバマ大統領に行った。

しかしプールには水が残っていた。放射能大放出の大災害は防がれた。このことは長らく謎となっていた。のちに分かったことは、当時、炉内の大型構造物の取り換え工事をしていた。工事期間中、普段水のないところまで水を張って工事をしていた。この工事が不手際で工期が遅れていた。さらに使用済み核燃料の貯蔵用プールの仕切り板のずれが生じていた。その結果周りからプールに水が流れ込んだ。工期が延びていなければ、仕切り板がずれていなければ背筋の寒くなる思いだ。この二つの偶然が幸いしたのだ。アメリカの専門家の〝神風〟の意味だ。

・女川原発と東海第二原発

女川原発は、1974年東北電力副社長であった平井弥之助の強固な主張で、地盤高15メートルとする変更申請を行った。地盤高を高くすると冷却のための海水の揚水高が大きくなり、経済的には不利である。しかも当時の政府の津波高の設計基準は3メートルにすぎなかった。平井は貞観津波に耐えるものでなくてはならないと力説した。3・11巨大な地震により地盤は1メートル沈下した。そして14メートルの津波が押し寄せた。ぎりぎり救われたのだ。もし福島第一と同様な事故になれば、仙台に大きな被害が及んだはずだ。

平井はかねがね、「技術者には法令に定める基準を超えて、結果責任が問われると職員を薫陶していた」との言い伝えが残っている。津波被害で女川町は壊滅的被害を受けた。女川原発の職員は被災町民を原発敷地内に避難させ、自らの非常用食料を分け与えた。

東海第2原発もまた発災4日前に非常用電源2基のうち1基を津波から守る工事が完成した。この1基の非常用電源が東海第2原発を救った。かつて日本の物理学会は東海第2をモデルに過酷事故のシミュレーションを行った。首都圏に被害が及ぶとの結論の出ていた原子炉であった。

（5）安全思想はいかにして作られたか

・コメット連続墜落事故

1954年世界初のジェット旅客機、イギリスのデ・ハビランド社製の「コメット」機が連続して空中分解した。当時イギリスのチャーチル首相は自国の高い航空機製造技術を民間航空機にも応用し、民間航空機市場の優位を確保しようとした。その航空機がデ・ハビランド社製のコメットである。コメットは高々度を飛行するため、機外と機内との予圧差が生じ、1飛行ごとに1平方メートル当たり6トンの圧力がかかることになる。この繰り返しかかる圧力で金属疲労をおこすが、設計者はおよそ5万4000回の飛行に耐えると推定していた。しかし1290回目の飛行で墜落し、その後さらに続いて墜落したコメットは、わずか900回目の飛行であった。一度目の事故の際、政府の事故調査委員会が事故原因の調査を開始したが、原因は不明であった。2か月後、原因不明のまま飛行を再開することが危ぶまれたが、航空会社の強い要請もあり航空安全委員会は飛行証明を出した。それからわずか2週間後、再び空中爆発したのである。

チャーチル首相は「イングランド銀行の金庫が空になっても構わない、原因を明らかにせよ」と命じる。英国政府はコメット機がスッポリ入る巨大なプールを作り、コメット機を沈め、加圧試験を行った。1830回目の加圧で機体上部から亀裂が入り、急速に拡大分解した。この実験は当時画期的なものであり、金属疲労が起こす事故、故障の拡大を食い止めるフェールセーフの設計思想を生み出すことになった。しかしイギリスが誇る航空機製造技術はその信頼性を失い、デ・ハビランド社は経営破綻し、英国の航空産業は再び隆盛を迎えることはなかった。

・JR東日本の新幹線の安全技術

東日本大震災が発災した時、走行していた東北新幹線は27本、そのほとんどが時速250キロで走行していた。それが1列車も脱線することなく減速停止し、ひとりのけが人もなかった。日本の新幹線技術の安全技術の高さを示した。これはJR東日本の構造技術センター石橋忠良所長の功績である。石橋は1995年の阪神淡路大震災で高速道路や中国新幹線の橋脚座屈の復旧工事に当たった。その経験から、海溝型地震が予想された東北新幹線の橋脚補強工事が不可欠として、会社社長に上申した。構造物はその時の法律が規定する基準に照らして、一度認可されれば補強工事をする必要はないのだが、敢えてコストがかかることを厭わず補強工事をした。この工事の完成の数年前、石橋は直接当時の社長に対し「東北新幹線ではなく上越新幹線で直江津の近くのこのポイントの補強工事をしなければならない」と述べると「その理由を述べよ」との質問に石橋は「技術者としての私の勘です」と答えた。社長曰く「そうか、やれ」というやり取りがあったという。

こうして数億円かかる補強工事が開始された。それから2年後の2004年10月、震度6強の中越地震が起きた。まさしく補強工事を行ったその箇所で直下型の活断層が動いた。橋脚は座屈することなく、時速２５０キロの新幹線は、脱線したものの乗客は無事だった。その後、ＪＲ東日本は脱線の経験を踏まえ、車両の改良を行った。これが東日本大震災において時速２５０キロの東北新幹線が１両も脱線事故を起こさなかった経緯だ。安全技術は一朝一夕にはできない。また法律や基準を守っているだけではできない技術なのだ。いや技術を支える安全理念が不可欠なのだ。

７．主な原子力行政を変えたチーム荒井

２０１１から12年にかけて東京電力福島第一原子力発電所事故に伴い、原子力発電をめぐる関連法律が未整備であることが明らかになった。そこで関連法律の立案を民主党原発事故影響対策プロジェクトチームを発足させて急遽の検討を行うこととした。しかしこの困難なプロジェクトを引き受ける民主党政治家は、いなかった。

そこで菅直人総理は直接私にプロジェクトリーダーを引き受けるよう要請した。私は当時内閣委員長として中立な立場であり、民主党のプロジェクトリーダーになることは、国会慣例上なかった。しかし事は日本国の危機である。私は敢えて内閣委員長のまま引き受けた。プロジェクトチームメンバーは中塚一宏衆議院議員、谷岡郁子参議院議員などどちらかと言うと小沢グループに属する人たちにメンバーの中核になってもらった。もちろん菅総理に近い人々はじめ党内のすべてのグループから

参加してもらった。私なりの思惑は、この国家の危機に際し党内は結束して当たらなければならないと強く感じていたからだ。特に直前に小沢一郎衆議院議員と菅直人総理とが代表（総理）をかけた激しい選挙が行われており、そのしこりはなかなか解消できないでいた。

チームはほとんど毎日会合し、必要な法律の検討を重ねた。困難に立ち向かってこそ相互の理解は生まれ固まる、それが私の危機管理経験からの知恵だった。まさしくその後、固い友情が生まれ、福島原発事故損害賠償支援機構法、放射能汚染除染法、原子力規制委員会法、子供被災者支援法、国会事故調査委員会法、改正原子炉規制法、改正原子力基本法、CSC条約の批准（原発事故にかかわる損害賠償の規定）の大型で日本では未制定の法律の検討と成立に向けて鬼神のごとく働いた。私の議員生活の中でいや官僚時代も含めてこれほど心血を注いだことはなかった。その気迫はチームのメンバーにも伝わっていった。

(1) 原子力損害賠償支援機構法　既存の原子力損害賠償法では役に立たない

1961年に原子力損害賠償法が成立した。原子力発電を行う事業者が被害を及ぼしたとき被災者を救済するための法律であり、賠償責任は無過失であっても、無限の責任を課す構図になっている。賠償総額は1200億円を限度とすることが定められている。福島第一原発事故ではその総賠償額は、優に数兆円を超える。つまり原賠法はそのような巨大な事故を想定していなかったということだ。このため原子力損害賠償支援機構法を立法することとなった。

民主党原発事故影響対策PTが党内議論を取りまとめてこの法案の骨格ができたのだが、議論の過程で、①今回の津波は原賠法3条但し書きの巨大な天変地異に相当するので賠償責任を免れるべきだという東京電力の主張、②東京電力は実質破綻状態であるから法的な破産処置をし、処分財産で賠償責任を全うさせるべきだとの極端な主張が交錯した。天変地異説は、女川原発が貞観の大津波を想定していたこと、3条但し書きの規定は戦争もしくは巨大隕石を想定したものであって、これにあたらない。破産の際の残余資産は社債権者に第一優先弁済権があって、被災者の補償には充てられないことが、電気事業法に規定されている。これは電力の安定供給のため社債の発行を保証するための処置である。かくして原賠法16条により国が支援するとの規定を使う途しか残されなかった。

福島原発事故損害賠償支援機構法は、実質債務超過になっていた東京電力を支援し、被災者への賠償と電力供給の義務を遂行させるための支援の仕組みを法定化したものだ。国は支援のための特別な国債を発行して東京電力に交付し、他の電力会社が資金を供与するとの仕組みだ。官邸は東京電力を破綻処理して処分した財産で損害賠償をあがなうとの案に傾いていた。弁護士らしい倒産会社の処理方式だ。また東京電力に好意を持つ議員は事故の原因は、天変地異の現象なので東京電力の責任はない（賠償責任は国にある）との主張だった。夜中を徹して民主党議員の論議は続いた。この法案は政府提案の法案なので閣議決定が必要なのだが、私は党内議論が決着を見るまで閣議決定を許さなかった。党内議員を前におにぎりとサンドウイッチを山盛りに積んで、夜を徹しても結論を出すとの決意を見せた。温厚な私が見せた鬼気の形相だったと思う。

(2) 環境への放射能汚染に関わる法律が存在しなかった

環境基本法をはじめ環境関係法律はいくつかあるが、いずれも放射能汚染については除外されている。放射能の環境汚染については担当省庁が存在していないことを意味する。環境省の幹部に対し、行政の担務に関わる法規制であるから、環境省設置法の改正を薦めたが、環境省はかたくなに断り続けた。極めて困難な作業であることを承知していたからだ。それではと原発プロジェクトチームは滋賀県選出の田島一成衆議院議員に大活躍してもらった。おそらく琵琶湖の環境保全活動の経験が生かされたのだろう。

田島議員はわずか2週間強で法案を作成。委員長提案のかたちで全会一致により成立させたのだ。政治が行政を主導した例であり、各党の協力体制ができた例でもある。この放射能汚染に関わる法律が存在していなかったこともまた、原発に過酷事故は起きないとの安全神話ゆえである。

(3) 原子力規制委員会法と国会事故調査委員会法

原子力発電所の認可や再稼働の許可は、通産省の下部機関である原子力安全保安院が担っていた。

「原子力発電を推進する官庁に規制官庁があるのは、危険だ。分離すべし」との助言をアメリカ政府から受けていたが、日本政府はそれを無視していた。この体制が事故を招いたのだ。すなわち規制する側が規制される側に取り込まれていたことが原発事故の原因になったのだ、「福島原発事故は人災だ」と国会事故調査委員会は結論する。原子力発電所保安庁を廃止し、経済産業省から環境省所管に移し、政府の直接的な指揮監督を受けることのない国家行政法3条に規定される原子力規制委員会を発足させ、委員会の実施機関として原子力規制庁に組織変えしたのだ。公正取引委員会と同様政府と独立した判断をすることが保障されている。

自民党の塩崎恭久衆議院議員と協力して作り上げたのが、国会事故調査委員会。アメリカ、イギリスなど他国では議会内に第三者委員会を設立し、調査することは普通に行われていた。しかし我が国では自民党一党支配が長く続いていたため、政府以外の調査委員会を国会内につくることを嫌っていた。塩崎議員も政府の事故調査委員会では不十分であり、政府に都合の悪い事実は出てこないだろうと見ていたのだろう。

そこで、政府と独立して国会内に調査委員会を設立するとの政局的な思惑が見え隠れしていた。スリーマイル原発事故の際、カーター大統領が直属の調査委員会を立ち上げ、約6か月で調査結論を出したことを私は知っていたので、日本でもその種の調査委員会が必要、失われた日本の信頼を取り戻すために、国を挙げて調査したことを世界に示す必要があると感じた。日本学術会議会長だった黒川清が委員長となり徹底的な情報公開と関係者からの聞き取りを行った。その報告書の質の高さは諸外国でも高く評価されている。もっとも、この調査結果はなかなか国会で真摯に議論されたとは言えない、それればかりかこの時の諸資料は国会図書館に保管されているが、なぜか公開されていない。原子力発電にかかわる不都合なことが記されていると原子力村の人は危惧しているのだろう。

(4) 子供被災者支援法

谷岡郁子参議院議員が中心となって議員立法した「子供被災者支援法」は超党派での立法だった。それまで国家賠償に近似した事項の立証責任は、被災者にあるとしていたが、放射能被爆した被災者なかでも子供たちに立証能力があるはずがない。そこでこの法律で被ばくが想定されている被爆者は、無条件に診療を受ける権利を有している旨規定したのだ。それまでにない異例の規定だった。この法律に基づき政府は、具体的な支援策を実施計画として国会に提示することになっていた。しかしその直前、民主党政権は解散総選挙の結果、政権を失うのだ。この支援法に基づく実施計画の提示は雲散霧消となる。今でもあの解散総選挙で政権を失ったことは、残念だ。20万人以上の被災者の期待を裏切ってしまった。

（5）世界で最も安全基準の高い原子力発電・バックフィット

原発事故が起こり原発の安全性の検証を行った。安全性の基準は各国から比べても低水準だった。そこで新しくできた原子力規制委員会は、バックフィット制度を原子炉規制法に取り入れることにした。これは過去の基準に適合していても最新の基準に適合することが求められ、適合していなければ運転の停止や再稼働の許可がなされないという制度である。現在かなりの数の原子炉の再稼働が許可されないのは、この制度からである。一般の法律で過去にさかのぼって、一旦承認されたにもかかわらず、新規法律に適合していないことをもって承認を取り消す法律はない。それは過去に財産権が確立したからである。バックフィットなる制度は、財産権の侵害にもなり得る制度なのだ。それだけ原発の安全性は、必須だと言うことをものがたっている。

東日本大震災の際、政府は静岡県の浜岡原発の稼働を止めようとした。しかし稼働停止の根拠法はなく、やむなく政府は中部電力にその運転を自主的に停止するよう求めたのだ。東日本大震災は東南海大震災を引き起こす可能性が指摘されていたからである。

福島第一原発には、震災の前年建設された免振重要棟があった。この施設は新潟県の柏崎原発の事故の際、当時の新潟県知事が免振棟の建設を再稼働の条件としたのである。そこで東京電力は柏崎原発だけではなく、福島原発にも免振棟を建設したのだ。これがなければ作業員は被曝してしまい、事故終息作業ができなかったろう。地震に耐え被ばく量を抑える免振棟は、地震国日本では必置施設だったのだ。図らずも福島原発には存在していた。

(6) 耐用年数40年の規定

原子炉の安全性を確保するため原子炉の使用限度年を40年とする原子炉規制法も改正した。原子炉の耐用年数は誰も検証できていない。40年を超えた原子炉は事故を起こした福島第一原発の1号炉のみだった。しかもそれは半年前に40年を迎え、安全だとして民主党政権で20年延長したばかりだった。強い放射能に絶えず照射されている原子炉が果たしてその強度に劣化が生じていないか検証は学説どまりであった。私は民主党政権時の安易な20年延長には、慎重であるべきだとして、その趣旨を炉規制法改正に取り込んだ。

(7) 使用済み核燃料の処理と核燃料サイクルの問題

また原子力発電をめぐる問題としては、使用済み燃料の処理場の確保、生じたプルトニウムの処理、つまり核燃料サイクルの問題だ。最終処分場は幌延など北海道が候補地にあがっているが、日本と言う国土は、火山帯にあり地質的には新しい地層だ。日本地理学会は日本国内には適地はないと結論付けている。ただし太平洋プレートに乗っている南鳥島は、地層的に安定しているとしている。もっとも原子力委員会の重鎮は、地質学会に対し「余計なことを言うな」とけん制しているらしい。

もう一つの課題が「もんじゅ」に代表される核燃料サイクルだ。しかし核燃料サイクル技術を供与するとして日米原子力協定を結んだアメリカ自身が核燃料サイクルは、現実的でないとしてあきらめた。日本も「もんじゅ」はあきらめざるを得なく、廃炉処分をしている。そこで経産省は、プルサーマルに活路を求めているが、技術的にも処分量についても不十分であることを私が原子力特別委員会で明らかにした。この核燃料サイクルは原発政策のきもだ。すでに経産省の若手が経済的に不都合な事実を明らかにした。そろそろ核燃料サイクルをあきらめて現実的な対応策をとる時期だ。

(8) 日米の危機管理の違い　兵站の重視の差

日本政府はメルトダウンの事実を公表しなかった。しかしアメリカ政府NRCは事故直後、福島原発一号炉のシミレーションを開始し、メルトダウンの事実を把握した。アメリカ大使館から日本政府に何度も問い合わせたが、回答はできなかった。政府間の不信感が高まっていった。その溝を埋めたのが民主党のチーム荒井だった。旧知のアメリカ大使ジョン・ルースはアメリカ政府から専門家を大使館特別顧問として招請し、日本側と意見交換に臨んだ。アメリカ政府の原則は二元外交を避けるため交渉相手は相手国政府と決められていたので、与党議員と言えども意見交換することはなかったが、大使館だけは例外とされていた。招請された原子炉の過酷事故処理の専門家は、日系の海軍軍人だった。ルース大使なりの最大限の配慮をしてくれたのだ。彼らの最大の関心事は、

①4号炉の状況は水があるのかどうか。どうやって確認するのか。

日本側は無人ヘリコプターを使って観測しようとするが、無線操縦範囲が限られていて不可能だと分かる。結局アメリカ軍の大型ドローンからの写真撮影で奇跡的に水が存在していることを確認できた。

②米大使館からは、「兵站の脆弱性だ。今、最も大事にするのは、現場で事故の終息に当たっている東京電力社員だ。聞くところによると寝るところも簡易ベッド、食事も貧弱。精神力でこの事故を収めることはできない。早急な解決策を講じるべきだ」との厳しい指摘だった。

チームは東京電力にその旨告げると、東電側からの返答は「これだけの事故を起こした。その責任を感じている。現場を優遇すれば世間からバッシングを受けるだろう。すでに東電社員の娘と言うことで学校でいじめにあっている」。

早速チームは動き出した。いわき市小名浜港に政府系船舶を係留させ、そこで入浴、十分な睡眠、食事ができる環境を整えた。私は内閣委員長として委員会冒頭で「福島50人」と称されている現場職員を称えた。マスコミも兵站の重要さに気が付いた。雰囲気は一変した。

(9) 原発事故による国際的賠償条約の締結

アメリカ国務省は、「日本は原発事故にかかわる補償処置にかかわるCSC条約を批准していません。これから近隣諸国から訴訟がなされると思います。すでに遅いのですが、条約批准を進めるべきです」この視点は日本政府ではほとんど認識していなかった。目先の事故処理にとらわれ、将来の訴訟危機についての対応策まで配慮していなかったのだ。早速、経産省に通知し、海江田経産大臣のIAEA総会での「CSC参加意図」を表明してもらった。

チェルノブイリ原発事故以来、ヨーロッパでは、ウィーン条約やパリ条約など国際賠償条約の枠組みが作られた。またアメリカが主導して発効を目指すCSC条約もある。しかし、そのいずれについても、我が国で過酷事故は起こり得ないとの前提で条約参加は見送られてきた。故に、今回の事故で国際的賠償金の共済的な部分は適用されず、また裁判権は事故発生国にある旨の規定も適用されることはない。すでに海洋に汚染水を投棄しているので、近隣諸国やアメリカから賠償請求訴訟がなされる可能性は否定できない。この不作為も、我が国では国際賠償を求められるような過酷事故は起こらないと思い込んでいたからである。

さらに谷岡参議院議員をジミー・カーター元大統領と意見交換すべくアメリカに派遣した。カーターはスリーマイル事故の際のアメリカ大統領にして、原子力潜水艦の原子炉設計技師なのだ。カーターとのやり取りは中日新聞の特ダネとなった。他のマスコミが追加取材しなかったのが不思議だ。この間のマスコミの取材体制についても一度検証すべきだ。福島入りし現地取材したのは、ドイツ、アメリカの取材陣だった。一方、すぐさま現地から避難した通信会社、現地取材を控えるとマスコミ各社で協定を結んだかに見える大手新聞社。日本のジャーナリズムの劣化を見る思いだ。

(10) 国際標準の安全策不備

安全神話故に、国際的には標準的な安全策もおろそかにされた。

① 避難圏を30キロにするＵＰＺ（緊急避難域）は国際標準である。原子力安全委員会が避難圏拡大を勧告したとき、寝た子を起こさないでくれと原子力安全・保安院からねじ込まれ、ＵＰＺの設定をしなかった。

② 電源喪失はメルトダウンに至る過酷事故

かつて全電源喪失対策が必要であると議論されたとき、安全委員会は「我が国では全電源喪失は想定できないので、考慮の必要はない」として無視した。ヨーロッパの多くの国々では加圧水型の原子炉が採用されているが、チェルノブイリ原発事故以降、フィルターベントを設置するのが標準的となっている。空中に放射能を放出させざるを得ないとき、汚染レベルを１０００分の1程度に薄めることができる。

③ 事故が起これば、作業員を被ばくから守り、原発修復作業にあたらなければならない。そのために最も必要なのが免震重要棟だ。放射能の侵入を防ぎ、休養が取れる免震棟がなければ、すぐに被ばく限度に達しベテランの作業員が不足する。しかしほとんどの原子力発電所には設置されていな

い。福島第一は中越地震後にたまたま建設されていた。再稼働をもくろむ大飯原発には免振重要棟は建設されていない。

④テロ対策は、今日では世界では極めて重要な対策と位置づけられている。使用済み核燃料の貯蔵プールには、プルトニウムなど核爆弾の原料が大量に存在している。ここをテロリストに襲われた場合の対処策をあらかじめ検討しておく必要がある。原発作業員が5次、6次下請けの協力会社の形で身元保証が曖昧なまま原発内で作業することは、世界の基準ではありえない。

(11) 安全神話でなく謙虚さを

我が国の初期の原発技術者に話を聞く機会があった。チェルノブイリの石棺作業に日本政府から派遣されて20年以上関わっている武田充司（元日本原燃・東海発電所所長）、藤江孝夫（日本原子力技術協会会長）、このほかにも多くの方から知見を頂いた。共通しているのは安全神話に毒されることなく、きわめて謙虚であることだ。「人類はコントロールできない神の火を扱っているかもしれない」と述べていたことが印象的だった。民間事故調の北澤宏一委員長からは「何人もの原発関係者のインタビューを通じ、多くの人がこのままでは危険だと気付いていた。しかし言い出す雰囲気ではなかったと証言していた」と述べていた。負けると分かっていて太平洋戦争に突入することを分析した山本七平著の『空気の研究』を思い出す。ムラ社会共通の現象である。いつの頃からか、批判を避け安全神話の中に浸るようになったのか。それほど昔ではないようだ。

日本人は危機管理が不得手だ。最悪の事象を想定して対策を講じようとしても「そんな不吉なことを想定したくない」という「言霊」の慣習に、知らず知らずのうちに身を置いてしまうからなのかもしれない。「危機管理は社会文化である」。危機管理の専門家である首藤信彦元衆議院議員の言である。

そしてスリーマイル事故のＮＲＣ調査報告書の結論は「避難計画なくして稼働計画なし」と言うものだった。具体的な避難計画はＮＲＣが許可権をもっているのに対し、日本では具体的避難計画の作成は都道府県に委ねられている。また再稼働の前提条件とはなっていない。この点は不十分であり反省点なのだが、そこまで詰める時間がなかった。今後の改正点だ。

最後に、北海道電力の故戸田一夫元社長の話。北海道に原子力発電所を建設することとなり、加圧水型が良いか、沸騰水型が良いかを原発技術者に自由に議論をさせて決定をしたといわれる。多くの技術提供が受けられ、地理的にも最も関係が深い東京電力管内に共通する沸騰水型ではなく、加圧水型を選んだ。まさしく原子力を扱う際の3原則、「民主、公開、自主」を体現したのだ。戸田は、眼下に原発が見える〝泊〟の丘の墓に眠る。これは氏の遺言である。いまでも後進の原発技術者は、亡き社長から見張られている如くだと述べていた。

原発関連の制度や法案検討は、この民主党原発事故対策プロジェクトチームで検討した。検討の過程は、議事録を毎回作って保存した。京都大学工学部冶金学科卒業の中塚一宏衆議院議員、カナダトロント大学を卒業して発生生物学専攻の谷岡郁子参議院議員、農水省の後輩で北海道大学農学部卒の船山康江参議院議員、マスコミからの徳永エリ参議院議員他で、夜を徹しての議論を通じて作られた友情は今でも消えない。その中でつくられた1本1本の法律に物語があり、いずれの機会にしっかりと書籍として世に残したい。

8. 野党時代は何を磨いたか、国会での駆け引き

(1) 国会対策　渡部恒三の教え

2005年、菅直人は民主党の代表選に出馬した。相手は小沢一郎だ。小沢陣営には鳩山由紀夫の陣営もついていたから劣勢だった。小沢一郎は自民党体質を色濃く持っているので、敵対勢力は徹底的に打ち負かす。私は菅に代表選挙は勝負が見えているので、今回は見合わせるべきだと進言した。しかし菅は「民主党は多様な意見を持つ政党だ。異なる主張をする政治家が出て選挙戦で闘うのが民主党的文化だ」と主張した。

私は小沢一郎のところに直接出かけ、菅の主張を伝え選挙戦を闘う旨の仁義を切った。選挙結果は惨敗だった。党内人事は代表小沢、代表代行菅、幹事長鳩山となった。ところが、小沢から党内結束

を図るため菅グループの事務局長役の荒井を国対委員長代理で抜擢したいと指示が来た。しかも、記者会見など実質、国対委員長並みの仕事をとの命である。私はそれまで政策畑が得意だったが、国対畑は初めて。枝野から「人の好い荒井さん」と呼ばれていた私が国会対策が務まるか自信がなかったが、党内の結束を図るためもあり引き受けた。渡部恒三国対委員長からの教えは極めてシンプルだった。与党と野党の国対委員長を担ったのは、渡部しかいなかった。

「荒井、与党の国対は野党の結束を分断することだ」

「荒井、野党の国対は与党の狙いに打ち勝ち、野党全部を結束一致させることだ」

「共産党も含むのですか」 恒三はシンプルに「その通りだ、与党の策略にあらゆる手を使って勝たねばならない」と言った。しばらく国対をやって「結構、私は人が悪いところもあるな」と納得した。

(2) 共謀罪の駆け引き

共謀罪法の新設を廃案にした。共同で謀議を働いた場合、刑事罰の対象とする法律。安倍晋三の目玉法案だった。数では押し切られる、ところが私のカウンターパートの細田博之衆議院議員が共同通信に「いったん通してしまえば、いつでも条文を強化できる。野党案丸のみ方針だ」と述べ、それが共同通信に配信されたのだ。私は細田に「二人の信頼関係は壊れた。以降、協議は行いません、すべての委員会は停止します」と通告した。法務委員会のみならずすべての委員会すなわち国会を止めてしまった。弁護士会やリベラル的団体が一斉に反対運動を展開した。とうとう細田は成立をあきらめた。廃案に追い込んだのだ。

（3）渡部恒三からの教え、野党の戦術は

①与党提案法案を廃案に追い込むこと、それが出来なければ
②継続審議に追い込むこと、それも駄目なら
③法案を修正させること、それにも失敗したなら
④国会決議を勝ち取ることだ　と教えられた。

私の野党国対副委員長時代の戦績、共謀罪は廃案に、愛国心を入れ込んだ教育基本法改正案は継続審議に、森喜朗のＩＴ基本法は修正させたことだ。

そして、がん対策基本法や医療的ケア児支援法は超党派での議員立法で成立させた。野党と言えども結構我ながらよくやったと思っている。

（4）がん対策基本法　山本孝史の国会史上に残る名演説

この時期がん対策基本法の成立も思い出のある法律だ。

日本人の死因で最も多いのが、がんである。だが、どの地域でどのような癌が多いのか、どのよう

な治療をしているのかなどの全国調査が行われていなかった。その時の厚生省の全国調査をしない理由が「個人情報公開につながる」との理由だった。実際は調査に経費がかかり手間暇かかることから、厚生省がその種の調査を渋っていたのだ。たかだか100億円にも満たない経費をケチっていたのだ。

ところが、参院議員の山本孝史が2006年5月の参院本会議で「自分は末期の癌だ」と壇上から告白し、がん対策基本法の早期成立を訴えた。政治家にとって重病であることを知られることは、最も避けなければならない。それを「がん患者に自分のような悲しい境遇を味わわせたくない」と訴えた。これほどの自分を捨てての名演説は聞いたことがない。結局、この演説で、個人情報を守らなければという厚生省側の屁理屈は吹っ飛んだ。全党一致の賛成を得て成立した。成立が難しいとされていた議員立法で。この法律の効果で各種の癌の治療法が統計分析され、標準治療法が確立に向け大幅に前進した。5年生存率が飛躍的に上がった。

第4章
外交の基本政策

強い内政基盤なくして外交はできない。沖縄普天間基地の移転問題も北方四島返還問題も相手国政府は、民主党政権の安定性を探っていた。残念ながらアメリカもロシアも民主党政権の内政基盤はさして強いとは判断しなかった。

日本の外交方針は調停外交に向けるべきだ。北欧諸国が伝統的な中立政策からＮＡＴＯ参加へと舵を切った。これまでノルウェーはオスロ合意など、イスラエルとパレスチナの紛争調停をしていたが、これからはその機会を失っていくだろう。紛争の調停をしていくのに日本が唯一残された国なのだ。幸いスリランカ内戦の調停をした、国際連合事務局次長を経験した明石康などの事績がある。

1．スリランカでの外交官時代　北海道庁での外交

日本外交の方向性が混迷の度を深めている。ＮＡＴＯと連携を深め、武器の輸出方針も無軌道になりつつある。アメリカ軍との指揮権も統合の方向に向いている。岸田政権の前のめりは安倍政権以上だ。やるのなら、しっかり国会で説明し議論するべきだ。国防予算も大した議論もなしにＧＤＰ１％から倍増して２％にしてしまった。この増加した防衛費はどこを対象にどう使用するのか。すでに国際的軍事研究所によると、日本の軍事力は世界7位だ。これ以上の国防費は対外武力行使を想定しなければ算定できない。集団的安全保障の方向に急進しているように見える。

それより日本の外交方針は調停外交に向けるべきだ。以下私の体験的外交論だ。

(1) 千葉一夫との出会い

１９７９年の秋ごろ、農林省に勤めていた私と同期のK君が呼び出された。「外国勤務のポストが二箇所出来た。ついては君たちに行ってもらいたい。ローマのＦＡＯとスリランカの大使館だ、どちらを希望するかな」二人は即ローマを希望しますと答えていた。「そうか二人ともローマのＦＡＯか、仕方ない二人でジャンケンしろ、勝ったほうがローマということで良いな」。かくしてジャンケ

ンに弱い私はスリランカ大使館勤務となった。そこで出会ったのが、その後の私の人生を決める千葉一夫だ。

千葉は当時、外務本省の中近東アフリカ局長から在スリランカ大使への転出だった。数年前スリランカでは日本にとって大恩人のジャヤワルデナが大統領に就任した。1951年サンフランシスコ講和会議で、「憎しみは憎しみによって消え去ることなく、ただ愛によってのみ消し去ることができる」との賠償金放棄の名演説をなし、全権大使の吉田茂を大感激させた政治家だった。その彼が長い野党時代を経て、最高権力者のスリランカ大統領に就任したのだ。

日本政府は、彼に報いるため日本大使館を大強化した。まずは大物大使を送り込んだ。そして大使館職員の増強を図った。通産省、防衛庁、JICAそして農水省などからの出向者もあてがわれた。私は農水省からの出向組で、担務は農林関係のみならずODA全般である。私の大学での専門は農業土木学科であり、その繋がりから農林省構造改善局に勤務した。構造改善局では農業用ダムや潅漑排水路の建設、集落の上下水道整備、大型ポンプ場、バイパストンネル、区画整理、道路や公園の計画までも手掛けていた。いわばインフラ整備など地域開発全般に通じていた。

スリランカ政府からは港湾の整備、空港の整備、漁港、病院、水力発電用ダムの建設計画など目白押しのODA要請がなされていた。それらの案件を実現するべき実務担当書記官が派遣されることになり、その任務に私が選ばれたのだ。毎日、外務本省から公電と称する連絡指示が何本も入る。それを受けて相手国政府の担当と交渉する。拙い英語での交渉、ある時、先方政府から水不足で緊急の電力増強策が必要になった、ついては発電機を調達してほしいとの緊急要請があった。

真剣に取り組み、アメリカ空軍に協力してもらい発電機輸送の準備が整った。相手国に連絡に行くと「荒井さん、実は昨日大雨が降り水力発電所が稼働しました。発電機の空輸は必要なくなりました、ありがとう。本国に通知ください」。

それだけ。むかっ腹を立てながらその旨公電を打つと、本省から数倍の怒りの電報。そうか外交交渉には、慎重さが必要なんだと理解した、スリランカでの初仕事にして初失敗だった。

・ジャヤワルデナ記念病院の建設

両国政府の記念的事象が必要だった。そこで1000床規模（虎の門病院規模）の大病院の建設計画が持ち上がった。当時、スリランカと並んで中国政府との間で同趣旨の大病院建設計画が持ち上がったので、同時にやろうということになった。ところがジャヤワルデナ大統領から「中国と同じ1000床では駄目だ、中国より大きくなければ」。すったもんだの難交渉の挙句1001床の病院、一床は大統領のための最後の病床ということで両国政府に納得してもらった。

引退後、ジャヤワルデナ大統領はその病床で息を引き取ったそうだ。2019年、やっとスリランカを訪問した。病院も訪問し、最後の大統領のための病室も見せてもらった。簡素なものだったが、

スリランカ　ジャヤワルデナ大統領に病院プロジェクトを説明

医療器具のメンテナンス用の部品が整然と整理されていた。開発途上国では建設には情熱を注ぐが、その維持管理には手を抜きがちなことを見抜いていたから、私は赴任からの帰国の際、維持管理に必要な部品を余分に供給していた。この建設工事費は２００億円にも達する巨大事業だった。

ところが、外務省の無償援助事業は単年度事業費をあてがう会計制度だ。これでは埒があかない。そこで本省に会計年度をまたがって支出できる農水省や建設省で普通に行われている、国庫債務負担行為なる制度で実施することを提案した。外務省はその提案を取り入れ、日中記念病院とともにスムーズな建設に着手出来た。

・マハベリ計画

スリランカ政府の最大のプロジェクトは、マハベリ河に巨大なダムを建設し、電力と潅漑用水を得る国家改造の目玉事業だった。ヨーロッパやカナダ、世界銀行（実質アメリカ）などが影響力を高めるため、この国家事業に大きな関心を寄せていた。私はダム建設の技術者として〝これぞ私のプロジェクト〟とばかりに、毎日情報を探りダム適地を歩き回った。

ある時、千葉大使も同行することになった。千葉大使は現場が好きな方で、沖縄返還交渉の際も何度も沖縄を訪れたことで有名だった。沖縄の人の最大の関心事が水の確保であることも理解していた。そんなわけでランドクルーザーで密林の中を走り回った。ところがその間、連絡不通となり、大使館はもとよりスリランカ政府でも千葉大使が密林で行方不明、反政府のゲリラが跋扈していたから、「もしやと」スリランカ政府挙げての探索劇となった。平然と帰ると参事官からこっぴどく油を搾られた。でも密林を歩き回ることは止めなかった。

当時、私の借りていた立派な家の大家はタミールの大物政治家。彼を通じて反政府勢力の情報を得ていたこと、スポーツクラブの親友ともなった社長がこれまたタミールの大物だった。彼らを通じて今度の日本大使館職員は、「本気でスリランカを援助にきている」との風評を反政府勢力にも流していてくれた。また私も政府側と反政府側とのバランスを取ったプロジェクト採択を心掛けていた。

ある時千葉大使から「プロジェクトの地域バランスをどうして考えるのだ？」と聞かれた。私は「日本でも同じです。大物政治家が対立する地域では、一方に偏った選択をすると、メインのプロジェクトはうまくいきません。必ず邪魔されます。そこで対立候補の関心のあるプロジェクトも検討するのです。時期が違っても構いません。計画でもいいんです。要は私たちはあなたのこと忘れていませんというアナウンスが必要なのです。スリランカも選挙で政治家は選ばれます。彼らの最大の関心事は次の選挙です。相手候補者と水をあけられると次の選挙は困難になりますから、彼らにしても必死なんです。妨害をも恐れません、それを回避するためのバランスなんです」と答えた。

・千葉一夫大使

沖縄返還は武力を用いず平和裏に領土を返還し得た、世界史でもまれな例とされている。その実務担当は当時外務省北米一課長の千葉一夫だった。

NHKチーフディレクター宮川徹志の著作『僕は沖縄を取り戻したい 異色の外交官・千葉一夫』(岩波書店)の中で記述されている。その猛烈な仕事ぶりは伝説的となった。よく外務省職員に「私は千葉一夫さんに3年間鍛えられました」と話すと最敬礼され、ほとんどの要請事は聞いてくれた。私はたぶん千葉学校の数少ない眼鏡にかなった卒業生なのだろう。ちなみに外務省に移籍しないかと誘われたこともあった。もっともお断りしたのだが。

密林行の最中でも懇談の中でもよく沖縄の話を聞かされた。最も激しい艦砲射撃を受けた伊江島、

千葉大使からは多くのことを学ばせてもらった

赤ん坊を背中に背負い、竹やりでアメリカ兵に突撃した若い母親の話、サンゴ礁の島なので恒常的に水不足であること、返還直前まで核兵器があったこと、そして外交交渉の本質を語ってくれた。

国益を背負って立つ外交官は、自らの一挙手で国を危うくするかもしれない、生半可な仕事をするな。アメリカのエリートは国益を背負っている、だから同じ匂いを感ずる政治家や外交官にはその立場が違えども尊敬する。それがタフネゴシエーターだ。決して自らをさげすみ安易な妥協をするべきではない。

現在の外交官にこの言葉を聞かせたい。アメリカとの折衝になると弱腰になる。いまだに戦争に負けたのだからの言い訳に終始する。ドイツやイタリアと大いに異なるのは残念だ。

スリランカからの帰国後、沖縄における水不足解消に地下ダムの新工法を農水省に導入させた。千葉一夫からの宿題だった。先般民主党で伊江島に調査へ行くと、この地でも地下ダムの建設が進んでいた。

・異文化と歴史に触れて

スリランカ、古くはセイロンと言われたがその地政学位置は日本と似ている。中国の影響が文化的にも経済的にも大きかった日本、かたやインドの影響である。人種的にも南側にはシンハラ人が、北側にはインド南部と同様タミール人の居住区がある。この二つの民族は国が乱れると抗争を繰り返す。かつては日本よりはるかに豊かな国、第二次世界大戦では戦勝国であり、教育程度も高く、幾多の国際人を輩出していた。

英国はスリランカを、戦後最も早くテイクオフする国とみていた。戦後外務省職員が赴任希望の地域3C、つまりシドニー、シアトル、そしてコロンボと言われた。それほど恵まれ期待された地があっという間に世界の最貧国（一人当たり所得年200ドル以下）になってしまった。なぜか？　国の政治の良しあしがこの二つの国を分けた。

①二つの民族の結束ができなかった。相争う時、稲作のインフラである潅漑用ダムを破壊しあったのだ。破壊されたダムにマラリア蚊が大繁殖し住民は定住できなくなる。後年、私達がダムサイトを

求めて密林を探索した際、過去のダムサイトに何か所も出合った。
②ゴムは軍需物資だ。そのゴムなどで潤った国家の富をいたずらにバラマキしたのだ。二つの対立する政党がコメの無償配布、教育や医療の無償化などを競い合って行い、あっという間に国の財政は行き詰まり産業投資がおろそかになっていった。
これらはいずれも政治的決断を欠いていた結果だ。優れた政治家を育成できなかったのだ。戦後の灰の中から立ち上がった日本は、吉田茂のもと結束し、農業と石炭産業に乏しい富を集中させた。「国民を飢えさせない、産業の基盤であるエネルギーを確保する」との大方針を貫いたのだ。政治とは選択と集中なのだということを理解したのは、スリランカでだった。

返済を考慮せずになされた借金により、今再びスリランカは破綻を宣告せざるを得なくなった。再び政治の失敗である。もう一度日本の出番がありそうだ。

・数々の失敗、スマート アンド シンプル

ある時スリランカ政府の援助局長から「荒井さんは、スマートでシンプルですよね」とニコニコして言われた。悪気はないようだが、私の背の低いのを当てつけか、シンプルとは単純、そんな悪口は言われたくないなと大使館に戻り参事官に報告すると参事官は「荒井さんそれは外交官として最上の誉め言葉だよ、スマートとは頭が良い、仕事が的確の意味だし、シンプルは率直、裏表のない信頼に

足るの意味だよ、荒井さんはもう少し英語勉強したらよいね」。

大使館の最大の業務、皇太子殿下と美智子妃殿下をスリランカ政府は国賓として迎えることになった。その準備を相手国政府とともに大使館が行うのだ。私は美智子妃殿下付きの案内に、宿泊施設は大統領公館。宿泊初日から大騒ぎとなった。「ある女官がベッドで大声を上げ気を失いました、すぐ来てください」「どうしたのですか?」「寝てるときヤモリが顔に落ちてきたんです、見るとあちこちにヤモリがいるではありませんか、この部屋で寝たくありません」「ヤモリは幸運のシンボル、蚊を食べてくれますし」説明もむなしくホテルに移ってもらった。

朝お二人の殿下から緊急電話、「荒井さん来てください、私たちの部屋に他人が来てベッディ、ベッディと言ってるんです」。行くと大統領付きの給仕がお二人の前で突っ立っている、聞くとベッドティを飲むかと聞いてるのだった。英国の貴族の風習で朝起きぬけにベッドの中で飲む紅茶のことだった。世界で一番古い王室で世界で二番目に豊かな国の王様ならば、当然ベッドティを飲むと思ったのだろう。でも両殿下にとっては、突然朝、ベッドにいるうちに、訳のわからない人が入り込むのですから驚かれたでしょう。これも事前に説明しなかった私の失敗だった。

あくる日は古都キャンディにある仏歯寺を訪問し、仏歯をキャスクから出して見せてもらうことになっていた。スリランカ側から最高級のおもてなしをしたいのだが、どうしたらいいだろうと相談を受けていたので「50年に一度の開帳しかない仏歯をお見せになるのが良いか」と答えておいたのだ。

私も随行の特権で見せてもらった。視察を終え特別機で両殿下は日本へ離陸。大使館職員はほっとして大仕事を終えたなとお互いたたえあっていた時、ある職員が「そういえば仏歯は異教徒は見られないことになっていて、仏教徒だけしか見れないんだよな」。全員固まった。皇室の宗教は？ 固く口外しないことを申し合わせた。

（2）胡耀邦との会談　靖国神社参拝問題

スリランカ大使館勤務を終え帰国後、農水省の海外支援の課長補佐となった。海外勤務が、どれほど官僚いや日本人にとって優れた経験になることを体験したから、構造改善局の技術者を大量に海外に送り込むことにした。外務省人事課と交渉し、その人員を増やすことにしたのだ。また農業土木技術者はマルチの才能と訓練を受けているので、外地大使館で重宝された。そんな時、四元義隆先生から呼び出しがあった。

「今度、中曽根総理の特使として中国総書記胡耀邦に会うこととなった、君も同行しなさい」「先生、わたしは公務員、関係のない農水省の一課長補佐です、同行は無理です」「いや無理ではない」

次の日、構造改善局長から呼び出し、「荒井一体どうなってる。朝、官邸から連絡が来て、中曽根総理特使に荒井聰を同行させるようにとの指示が来た。よくわからんが行ってこい」「えーよくわかりませんが、行ってきます」。かくして中国政府の招待、最高権力者の総書記胡耀邦に会いに行くこ

1985年5月　中曽根総理特使　胡耀邦総書記との会談

とになった。
その年、中曽根康弘総理は総理就任の公約である靖国参拝問題に苦吟していた。参拝すれば中国共産党が反発するのは目に見えている。日中関係が悪化する。せっかく中国との経済関係も順調になっているのに水を差すことになる。
そこで中曽根総理は師匠とも仰ぐ四元義隆に参拝のための根回しを頼んだのだ。政府ベースや外交ベースとは違った道を探ったのだ。総理就任の公約なので一度の参拝は黙認するよう、将来分祀をし、靖国参拝問題が政治問題化しないよう計らうということだった。

・靖国問題

日中平和条約の際、先の戦争での責任それに伴う賠償をどう決着をつけるかが最大の問題となった。結論は、戦争責任は、東京裁判で裁かれた軍閥政治家であって日本国民にはない、むしろ国民はこの軍閥政治家の犠牲者である。したがって国家賠償は必要としない。賠償を放棄するとの結論をなしたのだ。この結論は当時の田中角栄総理大臣、大平外務大臣と周恩来、鄧小平とのあいだの締結だった。

日本側は靖国問題を宗教として捉える。すなわち東條英機以下東京裁判で絞首刑者はその罪により処刑されたのだ、死者は死ねば平等に扱われるべきだ。なぜ参拝してはいけないのか、宗教観まで入り込むのは尊大だ。これに対し中国側は、戦争責任者とした東條英機以下の軍閥政治家を神格化し参拝するのは、日中平和条約締結時の約束事に反する。特に田中角栄総理、大平正芳外相の後継者が神格化に関与することは、周恩来や鄧小平との約束を反故にすることだ、両者の顔に泥を塗ることだ。つまりあくまで政治問題としてとらえているのだ。この解決は東條英機以下の戦争犯罪人の分祀しかない。現に戦後しばらく靖国神社には、これら東京裁判で戦争犯罪とされた政治家は祀られていなかった。靖国神社松平永芳第六代宮司が合祀したのだ。合祀以来それまで参拝していた天皇陛下が参拝を取りやめた。英明なる昭和天皇はその機微を理解されていたのだ。

結局、中曽根総理は就任の年の8月15日の参拝だけで、その後は止める。そして四元義隆とともに分祀の解決策に奔走していたかに見える。戦後のある時期の一人の宮司の選択がいまだに日中関係のとげになっている。東條英機の合祀の前に西郷隆盛や近代日本を築く犠牲者となった幕府軍側の戦死者も祀るべきだったのではないか。

胡耀邦は将来の中国共産党の逸材を四元に紹介する。その人脈は細川護熙に受け継がれていく。その中に胡錦濤がいた。歴史は繰り返されるで、胡錦濤時代の日本の総理は小泉純一郎、またまた総理は靖国参拝を行う。再び胡錦濤との間で日中関係は緊迫する。日中首脳会談が実現できないのだ。その橋渡しをしたのが細川護熙。四元人脈が生きたのだ。その後、別の形で小泉は細川にその恩を返すことになる。歴史はあざなう縄のようにつながっている。

(3) 北海道庁での自治体外交

1991年夏、外務省小町恭士ロシア課長から北海道知事室長であった私宛に一本の電話が入る。「荒井さん、モスクワと東京本省で日本ロシアのビザなし交流を促進しようとの覚書が交換されたのですが、北方四島の所管州のサハリン州が納得しないのです。そこで外交官経験のある荒井さんにサハリン州と交渉してほしいのです。外務省からも担当官を派遣します」。「私が団長ですか?」「そうです、自治体外交の形をとってほしいのです」

かくして国の専管事項の外交の難局を北海道が担うこととなった。極めてまれな事だった。91年、国際協力事業団の北海道研修施設設置について、外務省にきわめて迷惑をかけていた。札幌市内設置が外務省の意向だったが、それに猛烈に反対したのが中川昭一、鈴木宗男両衆議院議員。これに対して徹底的に札幌設置を主張したのが町村信孝衆議院議員。外務省は手にあまり、その選択を北海道庁に委ねてきたのだ。その調整を知事室長の私がやらざるを得なかった。結局財務省を動かし、札幌と帯広の両方に設置したのだ。

ビザなし交流の交渉はやらざるを得ないと腹をくくり、北方領土対策室のスタッフ2名、通訳、そしてロシア課のビザなし担当官そして私。新潟からウラジオストク、そこからサハリン州のユジノサハリンスクへ。ソビエト連邦が崩壊し、ロシアに生まれ変わった直後の混乱期で、ウラジオストク空港で見た光景はぞっとした。残骸と見間違うような航空機が山積みとなっている、聞けば部品が不足し、中古の飛行機から必要な部品を探しているのだとの説明。ロシアの飛行機に乗るのが怖くなった。

そこからユジノサハリンスク、私の交渉相手は州知事、ビザなし交流は領土交渉が円滑に進むようにと言う狙いがあるので、冒頭からけんか腰。会議場の外ではどこから聞きつけたかコサック兵が大声を上げてデモ行進。州知事の周りは国境警備隊や軍隊を退役した漁業関係者、北方四島の在住者代表等など20名以上、こちらは4名。交渉の場では相手側は大声でビザなし交流は必要ないと叫んでいる（ようだ）。何度も交渉はデッドロック、横路知事に判断を仰ごうと電話をしても通信状況が悪く通話できない。もちろん小町課長とも音信不通だ。

えい、ままよ、ここは私が責任を取ればよい。そう腹をくくった。3日間の夜を徹しての交渉、とうとう妥結した。ウオッカを飲みボルガの舟歌と最上川舟歌を歌いあい正体をなくすほどの痛飲だった。

ビザなし交流、テレシコー団長と知事室長公舎で

帰りもあの今にも落ちそうな飛行機に乗る時、州知事の女性秘書が「飛行機に乗ったら開けてください」といって大事そうに新聞紙に包んだ小物を渡してくれた。恐ろしく美しい秘書だった。期待に胸を弾ませて開けると小さな青いリンゴだった。日本なら貴重でも何でもないのだが、りんごを栽培できないサハリンでは、極めて貴重なのだと後で知った。最大の好意なのだろう。

さてそれからが心配の連続、果たして約束どおりビザなし交流でロシア人が北海道にやってくるだろうか？　締結事項は第一陣はロシア側からの渡航なのだ。これが来なければ日本側から渡航はできない。

待つこと3か月、ついに約束どおり来た。テレシコー択捉町長を団長に1万トンもの巨大な船に乗って約50人ばかりのビザなし交流団がやってきたのだ。私の交渉は成功したのだ。

知事公館で歓迎式、晩餐会。その後知事公館内の知事室長公舎でテレシコーと旧交を温めることに。知事室長公舎に入るなり「荒井さん冷蔵庫を見せてくれ」と言うので、台所にある小ぶりな冷蔵庫に案内すると、「荒井さんあんたビッグマンだと思ったが、そうでもないんだ。こんなちっぽけな冷蔵庫しかもっていないんだ」。かちんと来た私は、近くのスーパーに案内し「これが私の冷蔵庫だ、どれを選んでもよい。保管料さえ払えばどれでも手に入るのだ」。「わかった、荒井さんはビッグマンだ」

再び舟歌を歌いあい、酔っぱらった時テレシコーがつぶやいた。「自分の故郷はウクライナだ、母親がいる。ウクライナに帰りたい。でも今日はウクライナにいるようなアットホームな気分だ。ありがとう」。

その後この町長、出世してサハリン州の漁業大臣となり、娘さんを一橋大学に留学させた。そのころ私も議員になっていたので、彼女の留学に一肌脱いだ。いまのウクライナへの侵略を見たらどれほど嘆くだろう。テレシコーは10年ほどして亡くなった。現在ビザなし交流が停止し、ロシアはあのウクライナに侵攻している。不思議な縁を感じる。

2. 国会議員時代の外交

(1) 野党外交の着手

外交は政府の専管事項なのだが、自治体外交を経験した私にとって「外交は分厚さが必要だ。民間、文化、スポーツ等など、多面にわたる交流がその分厚さを作る」と考えていた。

民主党など野党では野党外交を深めるべきだと主張していた。まず最初の野党外交は他国との政党交流だ。ブレアの労働党との交流の一環として、民主党の職員を英国労働党に約1年間派遣した。その成果がマニフェスト作成やその効果などを調査してもらったことだ。また中国共産党との交流の一環で、中国共産党連絡部(略称中連部)の優秀な職員の日本留学をあっせんした。一橋大学、法政大学に留学しながら民主党政策調査会などで学んでもらった。これらの身元引受人に私がなった。中国では外交にあっても、共産党組織のほうが権限の強い場合のほうが多い。

2003年中国では胡錦濤が総書記となり権力の交代が起こった。ところがその直後感染症のSARSが広がった。中国で行われる筈の国際会議が軒並み中止、延期となった。胡錦濤政権のピンチなのだ。

私はチャンスと捉えた。今訪中すれば胡錦濤は必ず感謝するはず。野党の代表と言えども、普通な

2003年4月　中国国家主席湖錦濤に面談

ら政府代表ではないのだから面会はできないはずだ。しかしどこの政府も感染症のリスクを恐れて、代表団を派遣できていない。野党としてはそのぐらいリスクを背負っても中国に行くべきだと、菅代表を説得した。同行の記者団もおっかなびっくり。直嶋正行、土肥隆一と私が同行する4人の小さな派遣団であった。中国側は異例の歓待をしてくれた。胡錦濤はもちろん中国側要人のフルメンバー、一人一人のメンバーにそれぞれ最高級車での送り迎え。

菅、胡錦濤会談では感染症の話題、菅直人から厚生大臣時代のO157大腸菌の感染症をいかに食い止めたかの体験談を。菅は情報公開が最も大切なこと、政府が対処に失敗したかのように思われるので、感染状態を隠そうとするが、その時期が最も大事で蔓延を止める一番大事な時期を失してしまう。

翌日、胡錦濤は情報公開にもっとも消極的だった北京市長を更迭する。蔓延状況の公開に踏み切ったのだ。SARSはその後大規模な蔓延は防がれ、日本への影響もほとんど出なかった。

共産党中国連絡部との意見交換会、率直な意見交換が始まった。こちらから「北朝鮮、中国攻守同盟条約は依然として効力はあるのか」。中連部長は「その通り」と答えた瞬間、部長を取り巻く次長クラス（アメリカ留学グループ）が「昔のような状況にはない。戦争を想定しているわけではない」等など、部長とは趣の異なる発言が相次いだ。中国共産党内でも北朝鮮問題は様々な意見があるのだろう。中国共産党にとっても北朝鮮は刺さった棘のようなものだろう。

・中国要人との意見交換

当時、民主党と小沢一郎自由党との合併話が持ち上がっていた。中国側の見方は、「結局小沢一郎さんとの合併話は立ち消えになるでしょう。主義主張がだいぶ違いますからね。それで民主党が政権を取るのにしばらく時間がかかるでしょう」。中国共産党は日本の野党の政治状況までよく調べていた。

小沢自由党との合併に反対の急先鋒だった私が、中国側のこの話を聞いた時、猛烈に「いいだろう、やってやろうじゃないか」と主旨替えをした。帰国後、合併反対派の枝野幸男、前原誠司の説得に乗り出した。
結局、自由党との合併がなされ、政権交代に大きく前進する。しかし同時に民主党の分裂の芽も内包することになる。

(2) 中国とのセカンドトラック

石原信雄をトップとする事務次官クラスの経験者からなる安全保障を総合的に所管する会議体の設立を目指す勉強会が行われていた。石原信雄は細川政権それに続く野党系、その後の自民党政権で名官房副長官として、政権のかじ取りをしていた。石原を悩ませた最大の案件が、小泉内閣時代に起こった尖閣諸島での混乱。すなわち中国側漁船が領海内に入り込み、これを海上保安庁が逮捕した件だった。

一般的には法律違反を犯したのだから、逮捕、起訴、裁判が行われるのが通常だ。しかし、中国側は日中平和条約の最後まで残った懸案事項であり、当時の中国の実力者鄧小平が「後世の英明な人々に解決を任せよう」として領土問題を不問とした。もちろん日本側は、この尖閣諸島は日本の実効支配している日本領土としていたのだが、このような状況下にあったから、石原を中心とする官邸は、この逮捕を超法規的処置として2日後に釈放する処置とした。賛否両論があったが、逮捕直後の釈放であったため大事に至ることなく、中国側の立場をも考慮した結着だった。

この時以来、国家の危機管理を役所の枠を超え総合的、政治的に検討する組織が必要だと感じたのだろう。その時の防衛庁次官、海上保安庁長官、外務省条約局、内閣官房などのメンバーで私的な勉強会を重ねていた。国土安全対策委員会だ。その結論は日本と中国の間で定期的な安全保障を研究する会議体の必要性だ。特に中国側は権限や決定権は、政府である国務院ではなく、共産党や人民解放軍にある。しかし日本側からの政府ベースのアクセスはできなかった。日本の政党にはその種の権限も研究機能もない。そこでつくられたのが国土安全対策委員会。私が石原信雄に要請され北京で開かれた研究会に参加したのは3回目であった。

中国側からの冒頭の発言は、「この研究会の実効性が疑わしいので取りやめようかと考えていたが、今回初めて政府要人が来たこと、防衛省の研究所から専門官が参加したことから続ける意味を再確認した」とした。発言者はスメドレーの小説朱徳将軍の孫にあたる人民解放軍の国防大学戦略研究部主任朱成虎少将。

出席者のほとんどは海外、特にアメリカの名だたる大学院に留学した俊英だった。中でも現代国際関係研究員の楊明傑（現台湾研究所所長）は将来を嘱望された胡錦濤の側近とされていた。

・1枚の写真

懇談の席で出席者の徐国雄から、1枚の写真を受け取った。それは30年以上前の中曽根特使として胡耀邦に面会した時の写真であった。「この人荒井さんでしょう、若かったですね」といって額縁に入れて持ってきてくれた。徐国雄は初めての日本国費留学生、そして四元義隆の通訳をしていた。「胡耀邦さんは現在中国では人気が戻りました、その胡耀邦さんに会った日本の政治家はほとんどいないでしょうね」。

その時中国と言う国の外交力の恐るべきさを悟った。我が国の外務省は、30年前名も知らぬ農水省の一課長補佐の動向を追っかけるだろうか。できはしない。

・尖閣諸島での事件

そして恐れていたことが起きた。尖閣諸島周辺で領海侵犯をした中国漁民が海上保安庁に逮捕されたのだ。私や過去の例を知る内閣官房は、すぐさま釈放したほうが良いとの意見だったが、当時の前原国土交通大臣、法律家である仙谷由人官房長官は、逮捕起訴の方針だった。日本の法律を適用することは日本の領土であることに固着してしまうことであり、あの鄧小平裁きとは異なる道を進むこととなる。予想通り中国側の反発は異常なほどであった。

やむなく小沢一郎の人脈で、中国共産党の外交部門を長年所管していた共産党常任委員の楊潔篪と交渉するため、民主党幹事長代理の細野豪志を派遣した。会談では海上保安庁の撮影した動画は公表しないこと、速やかに漁民を釈放することで話し合いを付けた。しかし後ほど海上保安庁の職員がネットにこの動画を流すのだ。それには漁民の手荒な行動が写し出されていた。この間も中国側の安全保障研究会議から様々な情報がもたらされた。メンツの国中国、鄧小平のメンツがつぶされたとの意であった。

石原慎太郎東京都知事が尖閣を買い取って東京都の土地にすると記者会見してから尖閣問題は混乱を増してくる。これを回避するため、野田政権は尖閣の国有化を図った。しかし、尖閣問題の曖昧路線を踏みにじることとなり、日中間の大問題へと発展する。中国側の安全保障会議のあるメンバーから「中国側の尖閣対応プログラムを発動します、少しずつ危機感が増していきます」

毎年尖閣をめぐって監視船の数が増えたり、人民解放軍の海軍の活動が活発化したりと彼の警告が現実化しているようにも思える。私は尖閣を国有地から日中友好会館の所属にしてはどうかと友好会館長である江田五月に進言したことがある。尖閣は日中間の鋭い棘になってしまった。

(3) アメリカとの外交課題

・ブラフ外交

1993年細川政権が発足の頃、日米間の課題は貿易の自由化、特にアメリカ側は日本に対し金融、銀行だけでなく生命保険や損害保険の自由化を強く求めていた。日本は大蔵省を中心にそれを押し返していた。アメリカ側の思惑は健康保険制度の民営化、さらには郵便貯金制度の民営化を狙いとしていた。

ある時アメリカ大使館経済担当公使に公館に来てほしいと要請された。行くとアメリカ本国からの貿易交渉官が待っていた。マイク望月だった。彼曰く「自民党政権から細川政権に代わったので、大蔵省の姿勢が変わるかと期待していたのだが、変わらなかった。アメリカに戻ったら大統領に対日外交姿勢を元に戻すべきだと提言しようと思う」。「伝統的外交交渉方針とは?」と私。「ペリー提督以来の強硬姿勢さ」と望月。

幕末アメリカは、日本の鎖国政策を改めさせようと太平洋艦隊の司令官を日本に派遣する。しかし江戸幕府によって拒否される。そこですでに退役していたペリーを抜擢して再度の交渉に充てる。ペリーは前任者が失敗しているので慎重だった。そこでわざわざオランダに行きシーボルトに会うのだ。日本人の性格、政治事情、文化から歴史まで彼から聞き出す。シーボルト曰く、「日本人は誠実で争いを好まない。家には鍵をかけないほど治安はよい、但し脅しに弱い、ブラフに屈する」。ペリーはその知識をもって西回りで日本を目指す。香港に寄り、そこに停泊していた太平洋艦隊を数隻ひきつれる。まずは沖縄だ。琉球王国と開国の交渉をするが拒否される。琉球王国もまた鎖国政策をとっていた。そこでペリーは那覇沖で大砲を放つ。驚いた琉球王国は、食料、水をペリー艦隊に供給し、修好条約締結に前向きな返答をする。

ペリーはシーボルトの助言に自信を持ち日本の浦賀を目指す。そして江戸湾に侵入し、大砲をまたまた放つ。肝をつぶした江戸幕府は1年後の正式交渉を約束する。翌年日本政府と修好条約締結に成功するのだ。それが伝統的な砲艦外交なのだ。

その後もアメリカの対日姿勢は変わっていない。日本側もこの種のブラフ、特に外務省はこの手段に伝統的に弱腰だ。日本全体で強者に対する忖度の精神は、いまでも変わらないように見える。瀬戸際外交のできる政治家は少ない。日本では小沢一郎だけのような気がする。携帯電話交渉でアメリカ側と決裂させたのちアメリカ側の譲歩を勝ち取ったのだ。ただしこの交渉姿勢はアメリカ人には通じても、日本人には誤解を生んでいるような気がする。壊し屋の称号がそれを物語っている。

・沖縄返還交渉

１９７０年日本は沖縄返還を成し遂げる。戦争以外の外交交渉で領土返還を成し遂げた唯一の事例と言われる。しかも当時、アメリカはベトナム戦争の真っ最中。ベトナム戦争でのアメリカ軍は沖縄でジャングル戦の訓練を行い、B52の出撃基地とし、兵站基地としても使用していたのだ。そのほか核兵器の保管管理の基地としても使用されていた。アメリカ政府だけでなくアメリカ軍なかでも海兵隊にとっては重要な基地であった。アメリカは陸海空の三軍だけではなくもう一つ海兵隊なる軍隊を持っている。海兵隊は上陸する陸軍のため、滑走路、宿泊施設、道路建設など兵站基地の建設を任務としている。それだけ最前線で軍事活動をするわけだから死傷率は最も高い。もっとも勇気の必要な部隊である。沖縄戦でもいち早く上陸した部隊であり、それだけに５０００人の死傷者を出した。彼らが自分たちの先輩の血であがなった島をむざむざ返還することを良しとしなかったことは理解できる。したがって交渉の際、公式には書かれていない秘密な財政支出を含む秘密交渉が行われていたのではないかとのうわさが絶えなかった。

その中で最も世間を騒がせたのが西山事件であった。毎日新聞の西山太吉記者は敏腕記者として知られ、将来の社長候補とされていた。彼が秘密裏に取得した公電の写しは、当時社会党のプリンスとみなされていた横路孝弘衆議院議員に渡される。横路はヘッドの認証印を付けたまま国会で明らかにする。認証印は北米一課長と審議官の間が空印の状況だった。すなわちその公電は北米一課長の次の段階で抜かれたことを意味する。明らかな公務員法違反とみなして検察庁は捜査する。結果、審議官付きの女性事務官が逮捕された。その訴訟文はのちに札幌高検検事長となる佐藤道夫の手になるものだった。彼の訴訟文には「西山記者と情を通じ」との男女の仲を示す文章が挿入された。その結果、日米の秘密交渉問題が愚劣な男女問題に転じてしまった。また毎日新聞それ自体が、公電の出所を秘匿することをあきらめてしまった。これを契機に毎日新聞は朝日、読売に大きく水をあけられることになる。

時は流れ２０１０年３月５日、毎日新聞一面トップにスクープ記事が大きく載った。１９７２年の沖縄返還を巡り、日米が外交密約を交わしていた問題で、日本政府が秘密裏に１億２０００万ドル

（当時のレート360円／ドル）を米側に供与していたことを示す口座の記録が見つかったなどとする内容の記事だった。沖縄密約問題で菅直人財務相の指示を受けて、大串博志財務相政務官が訪米。米国立公文書館で25年の期限がきた開示文書の中に、この経緯を記した公文書を見つけた。6000万ドルを米連邦準備銀行（中央銀行）に無利子預金をする内容で、利息部分が25年間で1億1200万ドルとなる。その運用益を大蔵省と日本銀行が米側に供与していた。日本側の求める「無償返還」が拒否されたため、内密に運用益を提供する手法が取られた。日本政府は無利子預金の存在を否定してきたが、民主党政権そして米国公文書管理の開示規則により明らかになった。政権交代で、秘密裏にされていた自民党政治の都合の悪い問題が明るみに出ることが可能になる。それは、民主主義にとって必要条件でもある。

・沖縄の課題

日本にあるアメリカ軍の基地のおよそ7割以上が沖縄に置かれている。アメリカ軍が要望したこともあるが、1960年代日本国内では、アメリカ軍基地は憲法違反との訴訟が相次ぐ。さらに反基地闘争が激しくなる。アメリカ政府はこの事態を重く見て、施政権を持っていた沖縄にその機能を移転していったのだ。ますます沖縄の重要性は増大していった。沖縄駐留の軍隊が中でも最も荒っぽい海兵隊の駐留兵数が増加するに従い、犯罪が激増する。しかし逮捕権も裁判権も規定されていない日米地位協定がある限り沖縄の人々に迷惑をかけることになる。他の敗戦国であるドイツやイタリアにおける地位協定はすでに幾度も改定され、アメリカ軍は自由に基地を使用できない規定となっている。したがって学校や幼稚園の上を自由にアメリカ軍は飛び回ることはできない。

このままだと日本を守るアメリカ軍が迷惑施設として、沖縄の人々の反米感情を高めてしまう。あるいは日本政府に失望し沖縄の独立志向を高めてしまうやもしれない。地位協定によりアメリカ兵には、検疫の義務はない。沖縄のコロナ蔓延の原因の一つが、このアメリカ兵の無検疫があることを沖縄県は指摘し続けている。

ちなみに幕末締結された各国との不平等条約の規定に、外国人の検疫フリーがあった。このため感染症は外国人から発生する例が多々あった。しかし明治30年、後藤新平が23万人の将兵の検疫を3か月で成し遂げる。ドイツが日本の検疫技術は世界一だと折り紙をつける。これが契機となって不平等条約の解消に繋がっていく。

かつて琉球王国は独立国としてアメリカとの間に修好条約を結んでいたのだ。沖縄、そのプライドを大切にしなければいけない。沖縄の我慢の限界を超えてはならない。地位協定の抜本的改定は政治の問題だ。アメリカに忖度していてはいつまでも改定はできない。このまま政治の不作為が続けば、取り返しのできない事態が起きるかもしれない。

（4）沖縄問題

・在沖縄大使の設置

私は外交のイロハを外務省での伝説的外交官と言われていた千葉一夫に仕込まれた。スリランカ大使館勤務中に沖縄返還交渉の経緯や、アメリカ国民について教えられた。千葉は北米局長で戻ってくるつもりでいた。その時沖縄の基地問題、中でも地位協定の問題を解決したいと常に述べていた。

1996年12月自社さきがけ政権で在沖縄大使ポストを作ることになった。大使ポストは事務次官クラス。人事院は等級別定数という仕組みで厳しく管理していて、簡単に大使クラスを増やすことは困難だった。そこで私から北海道にいる北方領土担当大使ポストを振り替えることを提案した。これだと等級別定数を維持したまま沖縄担当大使を創れる。最も北海道選出の議員が北海道大使を差し出すのは気が引けた。しかしさした役に立っていない北海道大使ポストより、在沖縄大使を置き、沖縄県民の苦しみを現地で直接在沖縄米軍と交渉することが期待できると踏んだのだ。

初代、2代大使は千葉の薫陶もあり、沖縄県民と米軍との調整を図り、実情を日本政府やアメリカ政府に伝えることがなされていた。しかし3代目以降、外務省の代弁者に堕してしまった。むしろ沖縄住民の失望を買っている。残念でたまらない。

・沖縄戦と米軍基地問題

沖縄戦は太平洋戦争で唯一の地上戦である。その犠牲者は20万人、住民をも巻き込んだ凄惨な戦いであった。

1945年の敗戦から1972年の沖縄返還までアメリカ施政下に入る。日本全国の0・6％の面積に70％以上の在日米軍基地が設置された。特に立川市の米軍基地拡張に反対し起こされた砂川事件裁判は、反対運動をした者が一審で無罪、しかし、最高裁は統治行為論で地裁に差し戻し、差し戻し審では有罪確定判決となる。この有罪判決裁判は、大きな社会問題化した。アメリカ政府はこの事件を契機に施政権を持つ沖縄にアメリカ軍基地を移転しだした。そのことが沖縄における米軍基地の拡大につながった。

1972年の沖縄返還交渉時には、千葉一夫の粘り強い交渉の結果、ベトナム戦争の出撃航空基地であった沖縄から原子爆弾の撤去のみならず爆撃機B52を撤去させたが、基地の大幅縮小はできなかった。加えて米兵の犯罪にかかわる地位協定には手を付けられなかった。それが今でも様々な形で沖縄県民を苦しめている。

・地位協定の改定　イタリア、ドイツと比較

1960年日本国とアメリカ合衆国との間の相互協力及び安全保障条約（新安保条約）が締結さ

れ、これに基づき日米地位協定が締結された。協定では「アメリカは基地について「設定、運営、警護及び管理のための必要なすべての措置を執ることが出来る」と定めている。この協定に基づき日米合同委員会が設置され、この場で運用の詳細が議論されることになっている。この協議内容について公表されることもなければ、国会で議論されたこともない。この地位協定が改定されたこともない。同じ第二次世界大戦の敗戦国であるイタリアとドイツが改定し、大使館以外の領土領海に関し管轄権があるのに対し、日本の実際の扱いは両国と大きく異なっている。弱腰の日本政府の姿勢だ。イタリアはアメリカ空軍機が学校の上空を飛行するのを禁ずるため、基地を警察で包囲し実力をもって飛行を止めたとの話が伝わっている。

安倍政権時、安全保障関連法案を国会で強行通過させた。この法案自体が憲法違反の恐れがあるのだが、趣旨はアメリカ軍への兵站の一部を自衛隊が担うことにある。なぜこの時、アメリカ側とこの地位協定の問題点を議論しなかったのか不思議でたまらない。その他、米軍の基地負担部分を日本政府が代替負担、かさ上げすることがたびたび起きた。そこはアメリカ政府との地位協定改定の交渉の絶好機であったはず。しかし、なぜか交渉の俎上にも挙がっていない。基地負担の肩代わり増大時に、アメリカ側の負担が減少するのだから東京上空に設定されているアメリカ空軍のための広大な横田空域を大幅に縮小させる件も議論してしかるべきだ。私が国土交通委員会でそのことを指摘すると赤羽大臣は、唸っていた。これを縮小することが出来れば、羽田に離着陸する航空機の燃料代は大幅に節約できる。

また米軍将兵に対する検疫権が地位協定に基づき執行されていない。実際は検疫フリーで入国している。コロナ蔓延は沖縄や山口県など米軍基地のある所ほどひどかった。明治政府下で不平等条約の撤回に困窮した理由の一つは、諸外国の主張が「日本政府は検疫技術が不備だ」という理由だった。それを日清戦争直後、後藤新平が20万人の検疫を3か月で成し遂げ不平等条約の不適正を証明した。いまや米軍の検疫がおざなりだ。

日本は外務省でも防衛庁でもさらには政治家もアメリカに対しては弱腰でへりくだっている。私の知る限り、この分野でのタフネゴシエーターをしてきたのは、官僚では千葉一夫（B52の撤去）、政治家では小沢一郎（携帯電話交渉）のみだ。国益を背負って真剣に交渉する官僚、政治家はアメリカ国内では尊敬されているのに対し、弱腰な者はむしろ軽蔑されていることを知るべきだ。

2024年4月、岸田総理が米国議会で演説した。その演説の中で沖縄の窮状を訴え、地位協定の改定を提議すれば日本国内だけでなくアメリカでの評価も向上したはずなのに、一言も触れなかった。米国の政治家は沖縄の窮状を知らない。真の同盟関係を構築するには、地位協定をイタリア並みに改定し、沖縄県民の理解を得ることが必要だと訴えるべきだ。晩餐会でのジョークは日米間の懸案を議論してからにして欲しい。

ビザなし交流調印式

(5) 北方四島問題

・中ロ国境画定協議方式

北方四島の領土返還問題に携わったのは、北海道庁の知事室長の時だ。

横路知事1期目でサハリン州からやけどの少年コースチャの治療を引き受けた。同時に北海道はコースチャの治療費などボランティア資金を集めた。この資金はコースチャ基金として知事室長が管理することになった。このことを見ていた外務省は、サハリン州が難色を示していたビザなし交流を地方自治体交流ならば実施できると踏んだ。そこでサハリン州へのビザなし交流のための実務者協議を行ってほしい、その団の団長に私を指名してきた。外務省に出向し伝説的な外交官とされていた千葉一夫に鍛えられた荒井なら、この困難を突破できるだろうと踏んだようだ。交渉は成功しビザなし交流は開始された。(この経緯は別項北海道庁での自治体外交に詳細を記した)

衆議院議員になって以来、特別委員会は、沖縄北方領土対策特別委員会に属した。

2004年、3期目でこの特別委員会の委員長となった。この年中国とロシアの長年の懸案であった領土紛争が解決した。1969年、両国間国境線をめぐって武力紛争が発生した。それ以来中ロ両国は長年国境沿いに60万人から80万人以上の軍隊を貼り付け警戒していた。それでも度々武力衝突が起きていた。両国の国境であるウスリー川の中州珍宝島の領有をめぐっての紛争が解決し中ロ国境協定が結ばれた。アムール、ウスリー河合流地点での係争地を二等分したのだ。私はこの方式が我が国の場合も可能ではないかと中国共産党中連部に委員長として単身調査に行った。中国は国務院の外務部より共産党の外務部に相当する中連部のほうがはるかに強力なのを知っていたので、共産党本部を訪ねたのだ。

中連部の交渉担当者から「厳しい交渉だったが、二等分方式で妥結した。ロシア側は〝残る領土問題は日本との間の北方四島問題〟だと話していた」との情報を得た。北方四島を面積で二等分する案をその後、時々私は外に向かって話をするようになった。官邸もまた一時有力な方式として議論されるようになった。民主党政権時の2010年6月、領土問題の意見交換をしようとある国の大使に呼ばれた。大使は「ロシアは鳩山一郎に縁のある民主党政権と具体的な領土問題を議論しようとの意見もあったが、民主党政権が安定的に続くかどうかを見極めてから決めようとの意見で一致したようだ」と話してくれた。クレムリンの中のディープな情報だ。外交は国内政治の延長にあるとの千葉一夫の口癖を思い出した。その後、安倍晋三総理は四島との経済協力、二島返還などに大きく舵を切るが、その政策変更は外務省の長年培ってきた政策とは違った。外務省ロシア課は戦後何度も四島返還の具体論の直前まで行ったのを覚えている。細川政権時の1993年10月、ソ連崩壊直後ロシア国内の混乱時にエリツィン大統領が訪日した。両国の首脳で署名された文書が東京宣言だ。北方四島の名前を列挙し領土問題が存在していることを明記し、「法と正義の原則」を基礎として解決するという交渉方針を両国で確認した。北方四島の帰属の問題を解決して平和条約を締結するとした。また2001年3月、森喜朗総理はイルクーツクでプーチン大統領と会談し、東京宣言に基づき帰属問題の交渉を促進することを合意した。概してロシアの政治経済状況が困難を極めた時、北方領土の返還交渉が促進する。

ウクライナ問題で困難に直面しているロシア、恐らく経済、社会の混乱に直面するだろう。その時にこの領土問題の解決の時期が来るのではないか。

・ウクライナとの関係

ビザなし交流協議のカウンターパートはテレシコーという択捉の町長だった。その後出世してサハリン州の漁業大臣になるのだが、彼はウクライナ人だった。ウクライナはロシアにとって扱いづらい民族だったのだろう、スターリン時代に極東、北方四島に強制移住させていた。現在でもウクライナ系が半数ほど在住しているのではとの研究もある。テレシコーも自分の母がウクライナにいる。帰りたいと涙ながらに言っていた。必ずしもモスクワに忠誠心のある人々ではないなと感じた。

ロシアの占拠は80年以上続いている。それなりの利権も発生している。ロシア外務省の中にその一派がいる、領土問題が出てくるとそれを潰しにかかる一派だ。特にサハリンにいる。その分析も必要だ。

(6) 拉致問題　北朝鮮との国交回復は

1998年頃であったろうか。親友の廣田聡から北朝鮮に拉致されたとされる横田めぐみさん救出のため、街頭に一緒に立ってくれないかと頼まれた。

父上の横田滋は我らが母校の先輩、しかも滋の父上は母校南高の恩師だった。滋は優秀な生徒だったが、兄弟が多くいたこともあり高卒で就職した。就職先は日本銀行札幌支店、なかなか就職できないところだった。そこでメキメキ頭角を現し、全国人事に抜擢され京都支店に転勤、奥様と出会い結婚した。その後転勤した新潟支店で、聡明で活発な長女のめぐみさんを拉致されるのだ。両親は行方不明となった我が子を必死に探すが見つからない。そのうち北朝鮮に拉致されたのではないかとの情報がもたらされる。国交のない北朝鮮、しかも平和条約が締結されていないことから、北朝鮮は日本と戦争状態とみなしていた。辛うじて日本社会党が北朝鮮とのパイプを持っているに過ぎなかった。

横田夫妻は社会党本部を訪ね「めぐみ」の帰還を働きかけてほしいと訴えた。しかし、社会党からの返答は、北朝鮮との間には拉致問題は存在しないとの返答だった。

そこで滋は決断する。街頭に立って拉致問題を訴える。母早紀江はその街頭運動が北朝鮮を刺激しめぐみの立場を悪くするのではないかと憂慮する。しかし父滋は「政府も政党もめぐみを救うことが出来なかった。ならば私たち父母が立たざるを得ない」と奥様を説得した。

小泉純一郎首相の北朝鮮訪問で、北朝鮮は拉致被害者の存在を認めた。日朝平和条約が結ばれる条件が出来たかに見えた。外務省アジア担当審議官田中均が苦労してこぎつけた北朝鮮側のカウンターパートとの間の約束、すなわち拉致被害者を再度北朝鮮に帰すという約束事を、安倍晋三官房副長官が反故にした。この強硬策は国民的人気を呼び、安倍総理への途を開くことになった。

しかし田中均のパイプ役は責任を取らされ処刑されたと聞こえてくる。これで国交の途は再度閉ざされた。田中均も抗議の辞職をした。国交回復の好機を失した。残念でならない。岸田総理は北朝鮮との首脳外交を狙っているようだが、果たして拉致問題の解決を抜きにして実現可能か。私の見方は田中均と同じで、国交回復が出来なければ拉致被害者の帰還は困難だろうと見ている。それが外交というものだ。政治家の得点稼ぎは、害になりこそすれ益にはならない。

第5章

私が国政で携わった数々の政策課題

自民党政権は数多くの業界を支援団体に変質させて権力を維持している。その結果、数々の参入規制が出来上がり、経済発展の障害になることが分かっていても、それを解除しようとすると既存の業界の反対にあい、規制緩和ができなかった。クラフトビールの製造さえ不可能だった。財源の裏打ちのない制度創設論は現実的ではない。一般会計からの財源捻出は概して極めて困難だ。新たな財源を見つけるには、予算制度にかかわる深い知識が必要だ。また、各省庁の壁を破って新たな制度創設をすることこそ、国会議員にしかできない仕事だ。

これらとは別に、医療的ケア児支援法の成立など、野党であっても政策の実現はできる。

1．規制緩和から見た制度創設

(1) 酒税法の規制緩和

1993年、細川政権の目玉は規制緩和だった。私は北海道庁勤務を通じて地域から国の法規制の緩和を望む声をよく聞いていた。その一つは地域での酒造、特にビール酒造だ。地域おこしのプロジェクトとして要望が強かったのだが、酒造法や関連法律で一定規模以上の醸造施設しか認められていなかった。そこで大幅な規制緩和を行ったのだ。ビールについては、キリン、サッポロなど4大メーカーしか実質醸造は認められていなかった。それを規制緩和し小規模醸造施設を認めた。認可第一号は北見ビールだった。それ以後地ビールブームが起き、地ビールと地域おこしが連携していくこととなる。

(2) NPO基本法の創設

1993年、北海道奥尻島の震災津波災害の復旧に多数のボランティアが支援に赴くこととなった。しかし受け入れ態勢が不十分だった。そもそもすべての受け入れを市町村が行うことはできない。加えて、ボランティア団体自らがその受け入れ準備をしようにも、法人格を持っていないので事務所設置も電話も引けない。せっかくの善意が十分生かされないのだ。

そして1996年阪神淡路大震災が起きた。奥尻をしのぐ大規模なボランティアが参加したが、そこでも奥尻の教訓は活かされなかった。そのためNPO（ボランティア団体）に法人格を付与する法案を検討することにした。NPOは市民運動と極めて近い存在だったので、それまでは自民党が受け入れてこなかった。しかし、自民党、社会党、新党さきがけの村山三党連立政権であったこともあり、自民党政調会長の加藤紘一衆議院議員が踏み切った。NPO基本法だ。さらに2011年当時、私が内閣委員長だった。私の提案で寄付制度の大幅拡充（3000円以上3000人で税額控除の適用）が行われた。しかし今ではNPO団体の交渉先は自民党になってしまい、ここでも民主党のフォロワーシップ不足と反省している。

(3) 電波法の規制緩和

この阪神淡路大震災の際、交通通信が切断され、的確な情報が入手できなかった。どこで緊急医療を受けられるのか、食料は、水は。行方不明者の捜索は？　ほとんど混乱の中、手探りの状況下、アマチュア無線が大活躍する。地域の情報を集め、無線通信したのだ。地域外からも発信した。私たちは災害時、この小規模微弱電波通信業務が効果的であることを知り、この施設を効果的に活用しようと考えた。それが防災のため許認可された「ミニFM」だった。この結果、全国でミニFM局が事業開始された。札幌ではミニFM三角山、ミニFMアップルなどが逸早く開局され、三角山の木原くみこ、アップルの福津京子など名物キャスターが誕生活躍した。地域に愛され地域局として頑張っている。

(4) エイズ対策と大学病院課

1980年代に血友病患者の3割、約1600人がHIV(ヒト免疫不全ウイルス)に感染しAIDS(免疫不全症)を発症し、600人以上が死亡した。

感染源としてアメリカから輸入した血液製剤が疑われた。アメリカのCDC(疾病予防管理センター)は未知のウイルスが原因ではないかと疑い、加熱製剤の使用に切り替えていた。しかし、日本では帝京大学の血友病治癒の専門家安部《あべ》英《たけし》教授が旧来の非加熱の血液製剤を周りの医師の異論を封じて、使用を止めなかった。血液製剤を輸入加工していたミドリ十字などの製薬会社にとって、この非加熱血液製剤は利益を生む有力商品であった。医学界のムラ的体質が異論を阻んだのだ。血友病治療の第一人者の治療方針に口をはさむことが出来なかったのだ。厚生省の松村明仁担当課長さえも使用を止めることはできなかった。医学界の弊害だ。

1989年10月、エイズ患者は東京地裁に国と製薬会社を提訴した。しかし、国及びミドリ十字などの企業は、因果関係が明確ではないとして全面的に争った。1995年7月には厚生省前に

3000人に及ぶ人の鎖ができ解決を訴えた。村山政権の一大課題となった。厚生大臣は井出正一、すでにこの時、裁判所は国、製薬企業の責任を認識しており、患者の負担軽減のため早期の和解に動いていた。この和解のためのキーとなる公的書類が厚生省内で作られているはずだと想定されていた。その文書が公表されれば事件は一気に解決されるはずだった。しかし、この文書は被告側の厚生省の不利となることが明らかな文書。訴訟中に厚生省から公表することは、それまでの行政上の背反行為に当たるので公表は無理だった。しかも歴代の自民党田中派の厚生大臣と製薬会社との癒着構造が指摘されかねない。歴代の自民党厚生大臣は過去の失政を引きずっていた。

1996年村山政権から橋本政権に交代した。その際の自民党、社会党、新党さきがけの三党合意に「エイズ問題の早期解決」が記された。総理は厚生族のドン橋本龍太郎、そして厚生大臣はかねてからエイズ問題に鋭く切り込んでいた菅直人。私もまた厚生委員会の新党さきがけからの筆頭理事に就任した。その頃から厚生省内の空気は変わった。頼りにしていた自民党厚生族が「エイズ問題解決派」にシフトしたのだ。膨大な資料があると想定されていた。それが明らかになれば、厚生省や安部英の不作為犯罪もしくは業務上の過失が立証される。

菅直人は、大号令をかけて薬害エイズにかかわる文書を探させた。しかし、なかなか公表はされなかった。私は和解の見通しがつけば、隠していた文書は必要なくなります。出てきますよ。と彼に伝えた。

私は「和解を成立させるのには、原告側からは様々な条件が出されるでしょう。その条件面は私が引き受けます。国会での安部英教授や厚生省の事務方への追及は、弁護士である枝野幸男君にやってもらいましょう」。

菅は国会会期中だったが、すぐさま訴訟側と話し合った。訴訟側の条件は、賠償、治療体制の確立と生活保障、加えて真相解明と再発防止だった。エイズが未知の恐ろしい病気との風評が広がり治療を引き受ける病院がほとんどなかった。私は国立の病院と大学病院を治療の拠点病院に指定するよう、さらにアメリカで試験的に使われている薬剤を治験なしに使えるように特例処置を講じた。

また賠償や生活保障についても大蔵省と訴訟側との間に入って協議を行った。とうとう和解の見通しがついた。その直後確認できないとしていた大量のファイルが発見された。実に41冊9000ページにわたる詳細な文書だった。厚生省（官僚）と戦って勝利した菅直人は一躍、政界の寵児となった。田中秀征は「菅直人は大きな幸運に恵まれた。これを生かし総理の道が開かれたかもしれない」と述べた。また枝野幸男も注目を浴びるきっかけになった。

このエイズ対策を行っている時、医療行政は厚生省というより大学病院の教授の影響力が強いことが分かった。ところが大学病院を所管しているのは文部省。その文部省には医療行政を理解している人材はいないのだ。この不合理に気が付いたので、文部省と厚生省の人事交流を働きかけた。いままでは文科省の大学病院課には、厚労省のエリート医務官が派遣されている。

2．財源論から見た制度創設

(1) 地下鉄予算　建設国債対象、農水省の特特会計（羊ヶ丘の土地売却）

1995年11月、来年度予算が議論されていた。札幌市からは地下鉄東西線の新設の強い要望がなされていた。しかし財源のめどが立たない。日本の予算制度では財源を国債に依存する時は、原則建設国債でなければならなかった。

建設国債を財源とする事業を公共事業という。建設国債適用以外の事業は、赤字国債適用事業とされている。赤字国債適用事業は厳しく制限されていた。なぜか長らく地下鉄事業は公共事業と分類されていなかった。財源は赤字国債適用だった。従って長らく地下鉄事業は窮屈な予算から歳出されていた。

そこで当時の大蔵省主計局次長竹島一彦と与党政調副座長の私が「地下鉄予算を公共事業に、すなわち建設国債適用の事業に変更しよう」との制度変更を試みた。「荒井（竹島は私の高校の先輩）、道路など公共族は反対するぞ。公共予算の一部を地下鉄予算に振り向けるのだから。」「いや特定の公共予算を削減して地下鉄予算にしたのではなく、その分建設国債を増額して編成するのだから公共族には理解してもらうことにしましょう」。こうして地下鉄予算の財源問題は目途がついた。

予算は関係者の関心は高いが、財源問題まで切り込んで議論する関係者は少ない。私は官僚時代から財源問題を議論することに関心を持っていた。

農水省の大型国営事業は特別会計で経理するのだが、地元負担分は事業終了後、受益者負担として徴取されていた。この仕組みでは一般会計の一般財源から年率7・3％で借入される仕組みだった。土地改良予算だけでなく、他の制度でも一般会計財源からの借入は戦後高金利時代に定められたのか7・3％であった。

しかし当時、すでに財政投融資資金（郵便貯金財源）は2％程度の低金利になっていた。そこで一般会計から借り入れるのではなく、財政投融資から借り入れする制度への法律改正をした。このメリットは、金利が低下していることから受益者（農家）負担が低減することに加え、一般会計から借り入れていた財源分を事業費に振り向けることが出来た。この額は200億円以上になった。毎年土地改良予算を数十億円増やすことに悪戦苦闘していたのが、会計制度の仕組みを活用して、数百億円の事業費増とすることが出来たのだ。私はこの種のことに関心を持ち続けていた。

札幌市の羊ヶ丘の農業試験場を長らく農水省は、札幌市に売却にすることに同意しなかった。この土地は国有財産なので大蔵省所有だったのだ。農水省は売却するメリットがないのだ。このあい路を解決するのは、売却益が農水省に入る仕組みを作る必要がある。売却益が農水省に入るように、特特会計制度という特別な制度を作った。これで札幌市に売却できる。こうして羊ヶ丘の試験場一部の地を札幌ドーム建設地とすることが出来た。農水省側は売却益で売却面積の数倍の土地を十勝地方で購入し、新たな試験場とした。

JR北海道再建の財源は、新幹線鉄道整備公団からの資金を流用したものだ（後述）。予算会計制度の知識をしっかり得ることが必要だ。知識は力なのだ。勉強不足の議員が力ずくで○○予算を増やせと叫んでいるのを時々見るが、自らの勉強不足をさらしていることに気付いていない。

予算は年度予算と補正予算の制度がある。補正予算は検討時間が短いこともあって、内閣はまず予算枠を最初に決める。おおむねその歳入予算で計上していた歳入見込みを上回った場合、その部分を財源にするのだ。本来上回った歳入部分は、国債償還に振り向けられるのが法律だが、一部もしくはすべてを補正予算財源にするのが通例だ。補正予算対象の事業の査定は甘くなる。したがって国民が真に必要な事業であるならば、積極的に補正予算対象事業となる可能性が高くなる。１９９６年の補正予算では、地下鉄のエレベーター建設を補正予算対象とした。査定者は先の竹島一彦次長。私が発案者なので札幌に第1号のエレベーター建設を認めてもらった。札幌市は要求もしないエレベーターに目を白黒させていた。

（2）インターネットと電柱地中化

1994年、旧知の仲だった中川昭一衆議院議員と私とで、光ケーブルネットを全国に張り巡らせインターネットのインフラを整備しようとの勉強会を立ち上げた。当時、アメリカではクリントン大統領の下、ゴア副大統領が直接インターネット網の強化策を打ち出していた。日本ではインターネットに重大な関心はまだ広がらなかった。郵政省の通信局長だった五十嵐三津雄が「将来の国家のインフラはインターネットです」と私たちに呼びかけてきたのだ。中川昭一は父君が中川一郎。農水大臣の時、私が同郷で農業土木専攻ということで目をかけてくれていた。私がスリランカに赴任する時、ホテルニューオータニで送別会をしてくれた。たかだか課長補佐の海外赴任に送別会である。主賓が自民党幹事長安倍晋太郎だ。ゲストがゲストだったので農水省の局長クラスも参加した。懇談の中で中川一郎が私につぶやいた「長男の昭一が興業銀行に入ることになった。しかし昭一には荒井のように官僚になってほしかった」。

日本興業銀行は「日本の産業融資を行うキングオブバンクですよ。銀行の中の銀行ですよ。役所よりはるかに重たい仕事を担うことになります」と伝えた。しかしその時に感じた、中川一郎は自分の後継を長男にと考えているのだなと。

それから3年後、中川一郎は札幌のパークホテルで謎の死を迎えた。そのあと後継を巡って実力秘書の鈴木宗男と昭一は、骨肉の選挙戦を闘うことになる。農水省の松岡利勝（のちに衆議院議員）、石原葵（のちに事務次官）などと私が組織化した係長会は、鈴木宗男から国会対策などで手厚い待遇を受けていたので、鈴木宗男びいきとなっていた。だが私はあの送別会での中川一郎のつぶやきを聞いていたので、鈴木宗男のところに直接出掛け「鈴木さんには悪いのですが、私は中川昭一を支援します」と仁義を切った。宗男もさすが「そうか残念」と寛容な態度だった。選挙は運よく2人とも当選した。

霞が関の人脈も政策づくりにも疎かった昭一のため、私が呼びかけ、大蔵省の勝栄二郎、同僚の元杉昭男と定期的な勉強会を開催した。インターネット網強化勉強会は、建設省の道路企画課長だった佐藤信秋を加えての定期的な勉強会とした。佐藤はその後国土交通省の事務次官から参議院議員になるのだが、私の狙いは道路財源の活用だ。道路に共同溝をつくりそこに電線、電話線、そして光ケーブルを埋設しようとの発想だった。どんな計画も財源の見通しがなければ絵に描いた餅になるのだから。1996年、残念ながら私は衆議院選挙に敗れる。しかしその後佐藤信秋が電柱地中化政策として推進した。二度の改正を経て東京都知事の小池百合子が推進の原動力を担った。私も野党から大いに推進したのは言うまでもない。関東大震災が早晩やってくる。その時電信柱の倒壊が避難路を防ぐことになる。電柱の地中化は緊急に必要だ。

（3）IT基本法

2001年日本のインターネットインフラは欧米に比し大幅に遅れていた。そこで当時の森喜朗内閣はIT基本法を立案した。強力に推したのが当時の郵政省五十嵐三津雄事務次官、内閣府で提出責任者となったのが竹島一彦内閣官房副長官補。野党民主党の法案審査担当者が私になった。人気のなかった森喜朗内閣最大の目玉法案。野党は簡単に通さないとの大勢だった。しかし私がこの法案は20年後の日本の社会を形作るキーの法律となる、与野党を超えて議論し賛成するべしと熱弁をふるい、とうとう与野党賛成の法律として成立させた。奇しくも竹島、五十嵐、荒井は札幌南校卒業の北海道人だった。

・重鎮の議員が口あんぐり　出会い系サイトの制限

2002年伝統的に重鎮が委員となっている総務委員会、私の発言で一瞬静まり返った。「皆さんはインターネット上で中学、高校生の少女がどんなやり取りをしているのか知っていますか？〝生脱ぎパンティ1万円、クンニまで2万円、ゴム付きエッチ4万円〟と投稿しているのです。援助交際の宣伝ですよ。今の女子高校生の22％がこの出会い系サイトにアクセスしているのです。このような状況を表現の自由として野放しにしている。通信会社は通信量を制約したくないのでしょうが、これは教育上も倫理上も問題だ。制限すべきです」。それに対して片山総務大臣は〝うーっ〟となって

「早急に対策を講じます」と述べた。通信会社に厳しい規制が講じられるきっかけとなった。インターネットの技術的進化に加えて利用法も想定を超えている。とても政治家には追い付けない。それでもしっかり目を光らせていないと社会がねじ曲がってしまう。

私は通信の自由は尊重されるべきだが、無記名の投稿は制限すべきだと考えている。板塀のいたずら書きと同じだ。壁の所有者は、いたずら書きをしている者を見つければ、警察に通報する。通信のインフラは公共的なものだ。なぜ無記名で嘘の情報や悪口を野放しにしているのか。厳しい規制を加えるべきだ。

(4) 介護保険制度の創設

私がかかわった大きな仕事の一つは、介護保険制度創設に大きな役割を果たしたことだ。当時医療費が急増していた。その最大の原因は老人医療費だった。ところがこの老人医療費のうちかなりの部分は、医療行為を伴わない社会的入院と言われていた部分だった。将来さらに高齢化が進めば、この社会的入院、つまり介護の部分が激増するのは自明であり、結果、我が国の医療制度は崩壊する。そこで医療と介護を分離すべきとの正論が厚生省内で議論されていたのだ。この介護保険制度というのは実は北海道に大変縁があった。

私の道庁時代に厚生省から山崎史郎が福祉課長で出向してきた。彼はずっと介護制度に関心を持っていて、北海道で介護制度をつくるため、病院の先生方と勉強会をやったり資料を集めたりしていた。そして介護認定制度の算定基準づくりをやっていた。彼が道庁から本省に課長補佐で戻ってきた。戻ってきた時に私は初当選した。その年に菅直人が厚生大臣になり、そして「この介護制度をつくりたい、荒井手伝え」ということで山崎と一緒につくることとなった。

政治が初めて政策を主導した最初の例だと私は思っている。それまでは役所がこういう制度がいいというものを立案し、それを審議会にかけ、審議会で了解し法律をつくっていくというやり方だったが、このやり方では関係省庁や関係団体が対立してうまくいかない。看護婦協会も医師会も経済界の代表の経団連も保険者となる町村会もみんな反対。それが介護保険制度だった。利害関係者が多くて、まとまらない。厚生労働省は、関係以外の団体に対し、接触も交渉もしたことがあまりない。保険者となる市町村は厚労省に対し不信感でいっぱいなのだ。国民健康保険（国保）の赤字部分は市町村が負担している。同じことが介護保険でも起きると危惧した。また介護の認定はかならず政治家が介入してくる。公平な認定ができないと予想したのだ。

そこで私たちは被保険者からの保険料徴収に工夫をした。親の介護の重要性を感ずる40歳以上を被保険者（保険料を払う人）とする。学生など若い人は介護の実感がわかないため、おそらく未納率が高くなると想定されるので被保険者から外す。保険料の徴収は年金からの強制徴収や医療保険の上乗せとする。認定のクレーム処理は都道府県に判定審査会を設ける。これで市町村は納得した。

一番の難敵は経団連だった。会社から保険料の一部を徴取するとの制度なので、会社に負担を強いなければならない。「老人の介護になぜ会社が拠出しなければならないのか、そんなことできるか」というのが彼らの主張だった。私はこう説得した。「今あなた方は1000億円か2000億円の負担で1兆円のマーケットをつくることができるのです。今1兆円と言ったけれどもこれはすぐに10兆円くらいにはなります。経済界だけで10兆円のマーケットをつくることは不可能でしょう」。とういう経団連は納得し、結果、通産省も納得しこの制度ができることになった。それ以来私は経済成長というのはある種のマーケットをつくることだと思うようになった。

(5) 地震災害

1993年7月12日、私が衆議院議員選挙の真っ最中に北海道の奥尻島で巨大な津波を伴う地震に襲われた。奥尻港は壊滅状態だった。犠牲者は200人に及んだ。慰霊碑の儀式に私と鳩山が参列した。延々と慰霊碑に刻まれた犠牲者の名前が読まれていた。この犠牲者を無駄にはさせない。政治が何とか手を打たなければと心に刻んだ。

それから2年後の1995年1月17日、今度は神戸を中心とする直下型地震。阪神淡路大震災が発生した。村山政権での大災害。社会党出身の総理、自衛隊を救助とはいえ大規模に出動させることに忸怩たる思いがあったろう。大規模災害救助に国内の法整備が不十分だったことが明らかになる。民間のボランティア救助隊を受け入れることが困難だった。また通信が遮断され、被害の情報が得られなくなった。どんな救急用の医薬品が不足しているのか、現地への交通手段はあるのか。司令塔はどこに置けばよいのか。などなど緊急対策が山のように寄せられた。これだけ災害の多い日本で、大規模災害に襲われた時の対応策は法的にも実務的にも、不十分だったことが分かった。

私はアマチュア無線が情報通信に有効だったことを知り、ミニＦＭの営業ができる規制緩和に取り組んだ。またボランティア団体の法的根拠を定めたＮＰＯ法案をまとめた。

・東日本大震災の女川原発の逸話

女川原発を設置する時、原発立地の設置基準海抜3メートルを超えてより高地に据えた。ときの東北電力の副社長が土地に伝わる伝承を知っていた。ある神社の場所より低地に住むべからずという伝承だ。海面15メートルの丘の上に据えたのだ。東北大震災の津波高は14メートル。まさしく伝承が生きたのだ。

日本にはこの種の災害の伝承が地域に伝わっている。この伝承を全国的にまとめるべきではないかと２０２１年6月、国土地理院総裁に国土交通委員会で指摘した。地理院は全国地図に災害の伝承碑箇所を載せた。小学校では社会科の野外教育で教材に使っている。

津波に襲われることを恐れ、刈り取ったばかりの稲の束に火をつけ避難路を示して村人を救った小泉八雲の作品「稲村の火」は、和歌山県の国広村の実話をもとに書かれたもの。戦前の国定教科書に掲載され優れた防災教材とされた。しかし今は稲村の火は掲載されていない。小中学の防災教育は不十分だ。文科省は防災教育にもっと力を入れるべきだ。

気象庁は最近十分な定員がないせいか、花の開花宣言など桜を除き中止しようとしていた。そこで地域の小中学を指定し、観測を依頼する制度を設けるべきだなどを委員会で指摘していた。これらの指摘事項は野党議員の指摘であっても取り入れられた。

・能登半島地震で考えること　6つの提言

私は政治家時代何度かの地震災害を経験している。地震災害を契機にいくつかの法律の整備に携わった。ＮＰＯ法、地域ミニＦＭ、そして原発関連法律などだ。その経験からの提言だ。

①数年前から前兆地震が起きている地域で活断層が存在している地域に、地震関連特別交付税を法律で設定して関連自治体の財政援助の事前強化

②家屋倒壊の未然対策

旧建築基準法で建築された家屋の全調査、簡易な家屋耐震構造物の技術開発（学校によく見る〝かすがい〟の構造物）。耐震構造物に作り替えるのは調査、施工に資金と時間がかかりすぎる。

耐震度合いを弱めているのは瓦屋根。頭を軽くするために瓦屋根を交換する。

③生活インフラで火災対策に不可欠な水道の整備

飲料水の確保と消火活動に不可欠な水道を耐震化すること。水道事業の民営化などもってのほかだ。

④原発の安全性を守るための関連法律の整備。また避難計画を整備すること。日本の原発の守備は警察だが外国は軍隊。日本も自衛隊が守備すべき。大規模地震災害対策では自衛隊をいち早く大規模に出動させるシステムを作る。

⑤地震の前兆やメカニズムを地方大学が中心に調査研究を深めること。現在の地震調査研究は東京大学に集中している。東大の関心は東南海プレート型と首都直下型に集中している。地方の調査の力を強化し、その中心は地方大学とするべきだ。コロナの蔓延時でも地方大学の存在感はなかった。

⑥電信柱の地中化など促進。首都直下で地震が起きると電信柱の倒壊により、道路の通行ができない。救急車や消防車の通行ができず、初期救助対応の遅れにつながる。

3・行政改革からの制度創設　省庁の壁を乗り越える

(1) 人事院制度　優秀な国家公務員を育てる

ほとんどの政治家は得意分野あるいは好きな分野を持っている。議員は国民生活に大きな影響力を持ち政治的に力を持つ農業分野、通産分野などが一般的だ。しかし私は小さな省庁だがキラリと光る省庁が好きだし、頑張っていると、いとおしくなり応援したくなる。私が応援してきた省庁は気象庁と人事院だ。自らを野党で唯一の人事院族でかつ気象庁族だと任じていた。

国家とは政府によって運営されている。政府とは国家公務員によって構成されている。一人一人の公務員である。しかし公務員はあまり大事にされていない。総務委員会で竹中平蔵と論戦をした。「あなたはなぜ公務員を虐げるような発言を自民党の○○○集会でするのですか？　社長が社員を馬鹿にして信頼置けないとしたら、その会社は早晩倒産です。あなたは公務員に関係する制度を扱ってる大臣ですよ」と難じた。

竹中大臣の答弁は「荒井委員の趣旨は理解しますが、地方の集会で公務員バッシングすると受けるのです」というもの。この大臣に仕える職員はかわいそうだなと思った。２００６年村上世彰がインサイダー取引容疑で逮捕された。村上は通産省からアメリカに国費留学し、その地で投資関係のアメリカの法律を学んできた。帰国後その種の法律を自ら手掛けた。法律ができた直後、通産省を辞職し、村上ファンドをオリックスの宮内社長の支援を受けて設立した。このファンドを運用して巨万の富を築いたのだ。

私は人事院の進めていた留学制度に問題があり、留学から帰国後、一定期間は国内の省庁での勤務を義務付けるべきであり、どうしてもその期間に退職する者は留学に要した経費を国庫に返却すべきだとの制度改正を強く訴えた。人事院はそれに応えた。

人事院は労働者が普遍的に所有する団結権やストライキ権などを、公務員に限って制限したことの代償措置として設立された。戦後マッカッサー改革の際、GHQ内で公務員にストライキ権を与えるべきや否やで大論争があった。最後は朝鮮戦争が始まる直前でもあり、公務員のストライキ権など組合運動に大きな制約を加えることになった。その代償処置として公務員の給与や労働環境などを公平中立に勧告する機関として人事院を設立した。したがって人事院は内閣に属するが、その権限は内閣から独立して行使するとなっていた。

ところが２０１３年、安倍第一次内閣で各省庁の幹部職員を内閣官房で一元的に扱う内閣人事局が設置された。それまで各省庁人事には、事務次官が自律性と政治的中立性に配慮し、政治家が介入することは控えられてきた。そのバックボーンが人事院だった。しかし、この内閣人事局の設立で、今までの人事院のなしてきた内閣から独立した制度運用が微妙になった。

私はこの内閣人事局は総理（官房長官）のための幹部人事を行う機関となり下がり、国民のために公平中立な行政を行うとの本来の業務が揺らぎかねないと憂慮した。この憂慮は当たった。国有財産払い下げをめぐる森友事件に理財局長が虚偽と疑われる答弁をし、その論功行賞かのように国税庁長官に昇格した。この種の例が各省庁に見られるようになった。これでは有能な公務員は現れない、応募しないであろう。三流の政治家、二流の経済人、一流の官僚と言われた人材群。いまや官僚も三流になりかねない。

国家の基本は公務員制度にあり、しっかりと議論してほしい。

(2) 郵政民営化の逸話

2000年6月、私は奇跡の再選を果たした。地方自治や国家公務員制度ならびに旧郵政省関係の法案を審議する総務委員会に属した。ＩＴ基本法の成立に尽力した。また郵政公社化関連法案の審議にも中軸を担った。公社化は郵政民営化の最終版の姿になるはずだったが、小泉純一郎の民営化への強い姿勢が続いた。

私は郵便局制度は日本が誇る地域を支えるネットワーク型の組織であると考えていた。保健所や交番など先人が築いてきた優れた組織だ。いたずらに民営化を急ぐべきではないとの立場だった。郵便事業に貯蓄と保険を加えたこの事業モデルは、優れた形態だとみなしていた。これを競争原理のビジネスモデルに転換することは、経済的劣位にある地方の郵便局が破綻する。地方の郵便局は特定郵便局と言われていたが、その起源は明治維新の際、地方の庄屋階級などの名士に信書事業と金融を担わせ、地域の安定勢力としたことに由来する。信書事業だけでは収益が困難になることを見越し、金融部門も付加したのだ。これで赤字の地域郵便局は全国で補填するユニバーサルサービスができた。前島密の知恵であった。

郵政の民営化に政治生命をかける小泉が総理となり、三事業一体化で運営する公社化ではなく、竹中平蔵は郵政三事業の完全分離と民営化に関する基本原則を取りまとめた。このとき私は予算委員会で「郵政民営化の狙いはアメリカの金融資本主義者の300兆円に達する巨額の郵貯資金の一般市場への公開を狙ったものではないか。いたずらに日本の勤勉な個人が貯蓄した小口資金をアメリカの金融資本に与えることになる」と激しく批判した。翌日の東京新聞の朝刊に大きな記事として掲載された。

この時期、北海道から郵政関係の二つの労組が陳情に来た。そこで赤坂の小料理屋に北海道全逓委員長の中澤邦彦と北海道全郵政の秋田喜美男に来てもらい「主張も一緒です。二つに分かれている必要がないでしょう。聞くところによると合併の話もあるとか。過去のぎすぎすした経緯もあるでしょうが、ここは一体化するためにも市会議員候補をたてて選挙戦を戦いませんか。明確な目的のために一緒に戦えば、過去の相克は解消しますよ」と伝えた。諸所の経緯を経ながら峯廻紀昌が出馬し当選した。後に市議会の副議長になった。

小泉の政治生命をかけた郵政民営化法案は、参議院で否決される。にもかかわらず衆議院を解散し、刺客を多数送り込む劇場型選挙をした。小泉の目論見はあたって選挙は大勝した。郵便局はバラバラにされ、地域金融も地域のコミュニティの結節も崩壊した。利益を上げたのはアメリカ主体の金融資本家に見えた。日本の財産をアメリカに売ったことになる。

そして民主党政権下の2010年年末とある居酒屋で忘年会の最中、私の携帯電話が鳴った。元郵政省の官僚だった。「荒井さんたちは、郵政の民営化はこれでよいのか。地方もお年寄りも、なにより郵便局で働く人たちが不便をかこっている。ぜひ政治の世界で再検討してください」と訴えてきた。

私はすぐさま原口一博元総務大臣、小沢鋭仁元環境大臣、そして私（元戦略大臣）で作戦会議を開き、公明党を巻き込み、利用者の利便性とユニバーサルサービスを担保するべく郵政民営化法の一部改正案を議員立法で成立させた。しかし往年の利便性の高い親しい郵便局は遠のいてしまった。

1987年、ニュージーランド政府は郵電省を郵便、テレコム、ポストバンクと分割民営化した。テレコムはアメリカ資本に、ポストバンクはオーストラリア銀行に買収された。郵便事業も含めこれらは、収益性の高い地域で営業する企業となった。地域の郵便局も金融機関も撤退が相次ぎ空白地帯が生じた。2002年、政権交代により三事業一体のキウイ銀行として復活した。このことは竹中平蔵が基本方針案を作成していた時、既に知られていた。政治家がもっと各国の実情を勉強していればこれほどの無駄な時間を費やさなくてよかったはずだ。

(3) 中古住宅市場の形成

2012年、民主党は政権を失い野党に下野した。私は国土交通委員会に属した。日本の経済が成長するのに、どの部分に潜在的成長力があるのかを戦略大臣時代に検証していた。それで気が付いたのが国土交通省所管の分野だと気が付いた。国土交通省は自らを経済官庁と自覚していなかった。旧建設省は公共事業を実施、旧運輸省は運輸関係規制官庁と任じていた。産業の基礎部分、インフラ部分を担っているとの自覚がなかった。

アメリカ経済の指標は中古住宅の経済指標と雇用統計であるが、日本の場合、その種の先行指標は見当たらない。中古住宅販売に至っては、中古住宅市場さえ整備されていない。ところが現在900万戸の空き家が生じている。その空き家を含む中古住宅市場がさまざまな欠陥があることを明らかにした。かつて投資したインフラストックを大切にする制度でなくてはならない。そのためにドイツ政府のように新築住宅を制限するのも一つだ。まず日本の住宅は25年償却の税制が適用されている。欧米では80年、英国では優良住宅は100年を超える。木造の法隆寺は1000年もつ。25年で残存価値がなくなるのでは大事に修繕して使う気にならない。特に日本では経済的に安価な住宅を目指したこともあって、断熱工法は欧米では一般的な外断熱ではなく、内断熱工法だった。熱効率は劣っているし耐久年数も劣るのだ。

第二の欠陥は宅地建物取引法に規定されている両手取りなる商習慣である。売る方と買う方の両者から手数料を取ることだ。利益相反の商法としてアメリカでは法律で禁じている。この商習慣は宅建業者の手数料が低いこともあって長年法的に認められていた。この結果、流通市場に入る中古住宅が囲い込みされるのだ。宅建業者にとっては他の業者に知られると、業者間の競争にさらされる。それを避けるため物件を囲い込むのだ。これでは健全な市場とはならない。加えて住宅メーカーが中古住宅より新規住宅のほうがはるかに利益率が高いことから中古住宅販売に関心を示さなかった。

何度かの委員会審議を通じて大幅な改善が図られつつある。住宅の改修履歴を保存しておくこと、外断熱工法住宅が増えてきたこと、中古住宅改修をハウスメーカーも乗り出してきたばかりでなくリノベーション企業が激増した。何よりも両手取りを避ける企業が出てきた。

住宅産業と密接なのは地籍である。日本の土地で所有者が不明な土地は、一説では九州と同じくらいの面積だともされている。土地を相続しても再登記がなされないため、江戸時代に生まれた人が所有しているなどの例が数多あるのだ。所有登記は法務省所管だが、土地所有税は地方自治体。税金の個人情報は厳しく守られているので所有関係が大混乱しているのだ。これを整理するのが地籍測量だ。しかし予算が不足していることもあり日本の国土の正確な地形と所有関係があきらかではないのだ。やっと法務省、総務省、国土交通省、農水省など関係省庁の調整会議がはじまった。

松田晶士を囲んで。JR北海道再建計画検討チーム

(4) JR北海道問題

会社は誰のものか? 株主のものか、いや違う。松下幸之助や本田宗一郎は「会社は、お客さんのものであり、従業員のもの、そして地域のもの」と答えている。それが伝統的に長く続いた日本の会社の姿だ。それにもかかわらずJR北海道は、唯一の株主である国土交通省に物申すことができなかったのだ。「なぜおかしいと抗議しなかったのか」。具体的な数々の事例を挙げて、JR北海道がお客のための会社から、国の言いなりになった会社へ変貌したことを実証した。そのために赤字路線のすべてに乗車した。徹底的な現場主義と実証主義だ。とうとう国は変わった。大幅な財政援助を実現させたのだ。でもJRは変わっただろうか、確信がない。その監視は後継者に託すことにする。

ＪＲ北海道問題について私は２０１７年頃から取り組んだ。元ＪＲ東日本社長松田昌士のところに知恵を借りに行くと松田が「知恵を貸してやるけれども赤字線を全部乗ってから聞きに来い」と言われた。そこで、赤字線13線すべてに乗車した。そしてこの地域ではこんな問題がある、あんな問題があるとひとつひとつ国会で指摘するので、とうとう最初は課長くらいからその次は局長も赤字線に乗り出して、そして最後は大臣が北海道に来るたびに必ずＪＲ北海道に乗り出したのだ。それまでＪＲ北海道というのは鉄道局の中では人気なかったのだ。人気がないのは、ＪＲ北海道にはいくら補助金を出してもあるいは支援をしても砂漠に水を撒くみたいなものだと言われていた時代だったからだ。

国鉄民営化計画では、赤字体質の北海道など三島のＪＲに対し、経営安定化基金というのを積んで、利息７・３％で運用し赤字部分年３００億円を補填するという計画内容だった。６８００億円の経営安定化基金は儲かるであろうＪＲ東日本とＪＲ西日本とＪＲ東海が負担するという内容だった。ところが金利低減の時期を迎えて金利が減少してしまった。これがＪＲ北海道赤字の主な原因となった。ではどこが儲かったかというと実はＪＲ東日本、ＪＲ西日本、ＪＲ東海なのだ。７・３％で負担するという前提が実際は2から３％の低い金利でしか負担しなくてもよくなったわけで大きく儲けたのだ。この構図を何とかしない限りＪＲ北海道の再建というのはできない。このことを言い続けていた。この結果、財務省と鉄道局は知恵を出してくれた。ＪＲ東日本とＪＲ西日本が鉄道整備公団に新幹線保有料を払って、その一部をJR北海道とJR四国に回すということで、JR北海道には毎年400億円、10年間都合4000億円つぎ込むことになった。これで不足額が300億円なのでそれにプラス100億円さらに北海道庁と地方自治体が負担をすれば経営の基盤部分は安定する。

実はJR北海道問題というのはJR貨物の問題なのだ。北海道の鉄道というのは貨物のために造った鉄道からスタートしている。したがってJR貨物の問題を解決しない限りは、JR北海道の問題は解決しない。青函トンネルの中のダイヤグラムを調べると、保守点検の時間は夜中の1時から3時くらいまでの2時間しかないのだ。しかもこの中に貨物というあまり整備精度の高くない列車と新幹線が平行して走るレールが3本ある。このメンテナンスをするのは並大抵のことではない。これではいつか必ず事故が起きる、事故が起きてからでは遅い、早くに青函トンネルから貨物は除かなければだめだ、幸い苫小牧や函館からフェリーが出ている、新幹線と貨物の平行利用というのは一つの会社資源を二つの会社が共有するということなので、経営の合理的管理というのはできない筈だ。ここを解決しない限り、北海道の鉄道の自立した経営はできないというのが私の主張してきたことだ。

今、鉄道局では、北海道の物流を維持し、新幹線を計画どおりの走行を発現させるための検討に入った。私案では、軽い荷物は改造新幹線で、野菜など重い荷物はフェリーに分けるべきだと提案していた。

（5）気象庁改革と流域治水

・官僚組織の縄張りを超えて

私は長らく官僚をしていた。霞が関の縄張り争いの弊害をいやというほど味わってきた。その解決に最後に取り組んだのが気象庁改革　流域治水法の制度改革だ。

温暖化の影響か近年記録的な大雨、洪水が頻発している。その被害額は民間損害保険会社の支払額でゆうに毎年1兆円を超えて年により3兆円を超える年もある。多くの被害者、家屋の流出も続出した。治水政策は旧河川局所管の治水ダムで洪水を防ぐのが長い間の手法だ。ところが全国のダムは農業用や電力用のダムのほうが多い。これらのダムを治水用に活用できればそれまでの洪水流量の倍ほど防げる。しかし縄張り争いから、また降雨量の予測技術が未発達のため、他省庁所管のダムを治水に活用できなかったのだ。菅義偉は官房長官時代に私の議論を聞いていたのだろうか、総理就任後、省庁を超えて所管ダムを治水に利用できる法律の整備を指示した。流域治水法だ。治水技術の改革、その基礎となる気象庁の観測技術の改革も併せて行われた。国会で線状降水帯の観測精度の向上、それと関連する治水を流域全体で対策する、特に電力、農業用ダムの協力を得て事前放流を行なう制度を２０２１年4月法制化した。同年この法律を前提に１００か所以上の他省庁所管ダムが協力したと聞いている。治水の新しい時代を迎えることとなった。さらに治水用ダムで発電にも活用しようとの試みが始まるようだ。私の年来の主張だ。

私は農水省出身なので日本全体のダムの3分の2くらいは農水省所管のダムあるいはため池だということを知っていたが、しかし、それが治水に利用されることはなかった。これは河川法という法律をつくる時に水は誰のものなのかという大議論があって慣行水利権（水を利用する者の権利）を主張する農水省は負けたのだ。「河川は公水だというのが河川法の理念なのだ。したがって治水事業は、河川局がやればいいんだよ、そのために必要ならダムをつくりなさいよ」という冷たい反応が農水省からのものだった。

しかし、せっかくあるダムをちゃんと気象観測が整っていれば集中豪雨がきそうだといえばその3、4日前に事前放流をしてダムのポケットを空けておけば治水ダムとして使える。そういうものが本当は日本では治水ダム以上に効果があるのだ。それは電力のダムもそうだ。この流域治水というのは利水用ダム、つまり電力のダムと農業用のダムを治水にも活用しようと、もし万が一、降雨が来なくて事前放流して、損害を受けてもそれの補償をしようという法律だ。この法律ができ、試行的にやったのは2021年だが、ほとんど洪水被害は生じなかった。その前年は熊本の球磨川が氾濫した洪水被害があったが、次の年からなくなった。2022年は治水以外の150くらいのダムが治水に利用されている。毎年約1兆円から3兆円位の洪水被害が出ていたのだ。この利水ダムを活用することによって昨年は、洪水被害なくなったので相当な効果を発揮した。

この流域治水の条件は精緻な気象観測が必要だ。ところが気象観測を担う気象庁は、理学博士の集団で政治力も霞が関での存在感もいまいちだった。国民の生命と財産に直接携わっているのにだ。「弱いところに光を」が、私の政治家としてのモットーなので、気象庁改革に力を入れた。

①職員に「君たちは日本で最も大事な仕事をしている、自信と誇りを持て

②観測や研究だけでなく、その結果を国民に分かりやすく伝える工夫をせよ

③気象関係民間会社を育成、すそ野を広くしなければ社会に広がらない

④線状降水帯の観測充実、海上観測の充実

⑤他の関連する役所との連携、なかでも旧河川局や国土地理院。治水ダムだけでなく農業用ダムなど利水ダムの協力を得よ

気象庁に親近感を持つのは、函館に設置した日本最初の気象台長が荒井郁之助なる人物だということもある。江戸幕府の海軍奉行にして当時最強の開陽丸の船長だった。彼が気象観測を誤り開陽丸を座礁させてしまうことが箱館戦争敗北の要因になるのだ。この人、性格は温厚で人の言うことをよく聞き、水泳が苦手、甘いものが大好きなところ、なんとなく私に似ているのだ。どこかで繋がっているかもしれない。明治初期開拓使に勤務し、北海道のほとんどの地域の地図づくりに携わった。明治期の優れた技術者だ。

現在問題となっている線状降水帯という豪雨が発生するのは海上で発生するのだが、これを観測するのは船でなければできない。気象庁はやっとこの4、5年のうちに2隻の観測船を整備したが、全

く足りない。そこで私は、海上保安庁の船を使わせてもらえないだろうか、場合によっては民間の船に観測器を積んでもらえないだろうか、と強く指摘した。その結果、2020年、赤羽国交大臣が、海上保安庁の船を使えるようにしたばかりか、2021年には民間の船に載せられるような簡易な観測器をこれはという船に積んでもらって、その結果線状降水帯がどこで発生しているかということが分かる体制をつくった。以前は線状降水帯の予測はほとんどできなかったのが今は3、4日前にここで発生するので集中豪雨の対策ができるようになった。

（6）医療的ケア児支援法

2014年総選挙は野党になっての最初の選挙、2012年に引き続き、厳しい選挙となった。長男、優が「この議席はベテランの議員がその経験と知識を総動員して、いままで政治の世界で制度のはざまで見捨てられている人々のために働く議席だ」と私に意見し、障碍児福祉の草分け、障碍児保育園ヘレンへの視察を企画。そこで出会った駒崎弘樹から医療的ケア児の法律的定義がないため公的支援がなされていないこと、野田聖子衆議院議員の息子が医ケア児であり、預ける保育園がなかったことを知る。自民党衆院議員の大実力者といえども保育園を探すことがかなわなかった。野田は私と当選同期、時々会食する仲。彼女になぜ支援策を立案しないのだ？　国民の生命と財産を守る立法府の人間が自分の子供も守れないのかと詰問すると、「あまりにも自分のこと過ぎ、法制度を立案することをためらった」のだと苦しい胸の内を吐露した。それならば超党派の勉強会を立ち上げよう。私は野田に提案した。通常の超党派の勉強会は、多くの議員を集め、呼びかけ人の存在感を高めるための勉強会になり、具体的な政策をつくりあげる会とはなりにくかった。そこで少数精鋭に絞ること、障碍者支援を実施している実務者（駒崎、戸枝陽基）、小児在宅医師（前田浩利）、そして厚労省、文科省の官僚にも参加してもらうことにした。官僚経験がある私は、霞が関での法制度の立案の実務者は課長補佐レベルであることをよく知っていた。しかし彼らも組織人、上司の指示がなければ野党議員も参加する超党派の勉強会に参加することは、簡単ではない。

そこで私は当時の厚労省、文科省の事務次官レベルに、趣旨の適う若手で優秀な人材を推薦してくれるよう要請した。快く応諾してくれた。これで若手官僚は、上司の指示で参加することになる。若手官僚はもともと事の意義と制度づくりに意欲もあったが、それまでは必ずしも省内で十分な理解を得られていないことを承知していた。そこに有力議員のもと野党も含めての勉強会、しかも次官レベルも関与している。省内からも野党勢力からも文句は言われることはないと知る。思いっきり知恵と汗をかけると「やりがい」を確信した。

この勉強会の名前を「永田町こども未来会議」と命名したのは、加藤千穂だった。由来は福島県の原発被災復興の象徴「双葉みらい学園」からとった。命名者なので彼女には野田の政策秘書とともにこの会の事務局長に指名した。議員連盟の事務局長は一般的に若手政治家が担うのだが、加藤にはそ

医療的ケア児支援法の参議院本会議決議後の関係者の喜ぶ姿

の力が十分にあると私が見込んだのだ。

最初の1年で成果が出た。障碍者総合支援法と児童福祉法改正で我が国の法制度に初めて「医療的ケア児」を定義した。しかし自治体の支援に「努力義務」しか法に定めることができなかった。財源の根拠がなされていなかったためだ。

2018年、この努力義務規定に基づき障碍福祉報酬改定がなされるが、看護師配置加算が新設されただけで、医ケア児のための保育園経営は困難と知る。戸枝や駒崎、親の会の小林正幸の失望ぶりは、はなはだしかった。「これだけ政治家がいるのにこの程度か」との彼らの表情は無念でいっぱいだった。

私は見通しの甘さを知った。財源問題に踏み込めなかったことが、この結果だ。若手官僚は精一杯やった。あい路を切り開いてやれなかったのは、私たち政治家に問題があったと後悔する。そこで何が問題だったのか。冷静に分析した。

結果は、次の点が未解決だったことを知る。
①医療的ケア児の具体的定義
②障碍児を保育できる施設の経営を保証できる報酬の基準
③支援策は地方自治体だが、その財源を確保する施策

次の報酬改定は2021年だった。それまでに課題を解決すべく前進することにした。

そのため、厚労省の科研費研究で医療的ケア児の判定基準を前田医師に研究してもらった。1970年につくられた重症心身障碍児の分類基準である大島分類では、医療的ケア児は対応できないことがはっきりし、別途の分類基準を作成しなければならないことが明らかになった。この前田分類ともいえる新たな基準が厚労省はじめ障碍者団体に認められるか若干心配したが、医師会を含む多くの関係者から認められた。この基準に基づき障碍者報酬を作ることができる。

また医療的ケア児の父母は、「預かってくれるところはどこか」、「普通学校に通学できないか」、「父母が付き添わなければならないとの規則は緩和できないか」。これらの相談事を市町村の福祉窓口や学校に相談しても、ほとんどが権限外として相談できないのが一般的だった。

そこでこれらの相談者に対し、ワンストップで相談に応じる「支援センター」を作る義務を規定し

た。そのための財源処置も総務省の協力を得た。

これらを担保するための法律を作るべきだと私が主張した。政府提案の法律では時間がかかりすぎる。関係団体の調整が容易ではないだろうと見ていた。そこで議員立法で作ることにした。一本の法律を作るのは容易ではない。法律用語を一字一字確かめ、項目ごとに他の法律と齟齬がないか、解釈は一義的かなど確認する作業は、夜を徹して衆議院法制局と行った。議員立法は、全党合意がなければ国会に上程できない。しかも議員立法は政府提案法案が議了しなければ上程できない。したがって議員立法の上程は国会会期末にいっぺんに出される。その中で優先的に国会上程させるには、それなりの政治力、党派調整力を必要とする。

議員立法なので上程の際、法案の趣旨を説明するのは上程者である私がした。答弁は公明党の高木美智代衆議院議員、政府の関連説明は山本博司公明党副大臣。いずれもみらい会議の面々だ。

参議院での質問で「医療的ケア児にかかわりどんな時が幸福だと感じますか?」との問いに私から「医療的ケア児のお母さんは、30分ごとに喀痰作業をやらなければ、子供は痰が詰まって呼吸困難になるのです。つまるところ母親は夜満足に眠れないということです。イライラします。そんなとき子供が泣き叫ぶとつい怒ってしまいます。でもそのあとすぐ〝子供に悪いことをした〟と反省するのです。これからこの法案が成立したら、今より眠ることができ、子供を叱らなくてもよくなると思います」。

この答弁を聞いた質問者は眼がうるんでいた。野田聖子議員が傍聴席にいた。委員会で全員一致の賛成を得、本会議も最終日の最終上程議案で議決された。

私の最後の仕事になった。一人の政治家が本気で挑戦すれば野党議員と言えども実現できるのだ。全会一致の法案は強力だ。法律の効果はどうやら絶大なようで、それまで行政の窓口でたらいまわしにされていたのが見違える対応がなされるようになった。

まだまだ改善点があるのだが事務局長の加藤が前田先生のもと鍛えられているので、２０２４年の法律改正には見違えるような制度になっているであろう。ただし財源をどうするかの視点を忘れてはいけない。

第6章
北海道の政治風土と政策の数々

世界の紛争の主な原因は領土問題と民族問題。北海道には北方四島の帰属問題と日ロ平和条約締結の課題、アイヌの先住民族問題を抱えている。これらの課題を解決すれば、世界の紛争解決のモデルとなる。また、北海道では研究開発の先進地域となる可能性がある。例えば、農業や観光そして冷熱エネルギーを利用したデータセンターなどが上げられる。日本の経済成長のカギは、イノベーションだ。

「自分の故郷を大事にする人間でなければ、公の仕事はできない」

農水省入省の際の人事担当松井芳明課長の言

1．北海道開発の歴史

(1) 江戸時代から明治初期にかけての北海道開発

北海道開発に注目したのは、江戸幕府で側用人であった田沼意次だ。ロシアの南下政策が浮上してきたこともあり、これに対応しなければならないと考える。彼は開発構想力を持っていた。また、江戸幕府の財政が極めて緊迫化していたこともあり、豊かな資源がある北海道を全面的に開発しようとの意識もあったが、彼は途中で失脚してしまい、北海道開発の動きは止まってしまう。

その後、江戸幕府は二宮尊徳を使い幕府直轄で北海道開発・開拓しようとしたが、彼は明治維新の直前に亡くなり、その意思は彼の子や孫に引き継がれる。明治政府成立以降は屯田兵制による開拓が進められる。実態は幕府による武士の失業対策だった。すでに同じような構想を持っていたのは坂本龍馬だった。彼も北海道開拓に関心を持っていた。明治政府は、幕府側の武士を安定的な勢力としたかった。そこで北海道開拓に目を付けた。実際、坂本龍馬は自分の部下に北海道調査を指示した。

さらに、興味深いのは東本願寺が明治政府に協力していたことである。徳川家康が政権を掌握した際、あまりにも大きな宗教勢力であるとの理由で、本願寺は東本願寺と西本願寺に分割する。そうした経緯もあり、徳川家は東本願寺を大事にするが、明治政府は逆だった。これに東本願寺の人たちは危機感を持ち、明治政府が推し進めていた北海道開発に協力することにした。顕如聖人が京都から旅をしながら門徒たちを募集し、虻田（現・洞爺湖町）に上陸し、定山渓を通って札幌までの道路開削を行った。豊平区に「平岸街道」と呼ばれる道路がある。かつては「本願寺道路」と呼ばれていた。

また、北海道の中で異質な開拓は十勝地域だ。先ほど名前が挙がった二宮尊徳の末裔が開拓した地域だ。依田勉三も二宮尊徳につながる人材だ。彼を中心として開拓に関わった人々は北海道神宮の中の開拓神社に奉られている。私が知事室長だったときに、北海道の開拓に大事な神社だからということで、よく参拝していた。

(2) 開拓使による北海道開発

明治期における北海道開拓の主導は佐賀藩だった。初代の北海道開拓使長官は鍋島直正で、家老の島義勇（札幌市役所の1階ロビーに銅像がある）が北海道に来て、北海道開拓の指揮を執る。彼が札幌を見つけ、札幌の区画割を行った。ただ、どうして札幌にしたのか私は不思議でならない。今の千歳あたりの方が雪は少ないし、太平洋側の方が良かったのではないかと思うが、小樽に近いとの理由から札幌に区画割を作ったのかもしれない。

また、佐賀藩は長崎を所管していたので、開明的かつ北方の脅威を説いていた藩でもあった。鍋島直正は病気がちで2年ほどで長官を退く。その後、実質的な長官になったのが黒田清隆だ。彼は薩摩藩出身で以降の北海道開拓は薩摩藩の影響を大きく受けることになる。

黒田は西部開拓に成功しつつあったアメリカを模範として北海道開発を進める。そこで米国からケプロン、クラークなどの技術者を連れて来る一方、榎本武揚や荒井郁之助といった幕府側英才を抜擢し、東京の芝増上寺に札幌農学校の仮校舎を設置した。

芝増上寺に置かれた開拓使仮学校は官費60名、私費60名、女性50名も一緒に募集し、札幌に行った。黒田清隆は開拓使の予算で、津田梅子や大山捨松など5名の女子を10年以上アメリカに留学させている。したがって、我が国において最初の女子高等教育は開拓使が着手した。近年、男女共同参画の話が出ているが、北海道からこうした話をもっと発信しても良いのではないか。

その後の北海道は、日露戦争によってかなり景気が良くなり、石炭、木材などの軍需産業用の原材料を輸送するため、鉄道・道路の整備が進んだ。さらに戦時食糧として札幌を中心としてリンゴ栽培が増えていく。騎兵隊を編成するために軍馬の育成が北海道を中心に行われた。その後の太平洋戦争では、最強の旭川師団で多くの犠牲者が出た。半面、朝鮮半島からの強制連行労働者の問題は、いまだに負の遺産として残っている。

(3) 戦後復興の舞台となった北海道——そこから生まれたリベラル勢力の拡大

戦後復興に必要な石炭増産、旧植民地からの引揚者対策として、吉田茂が中心となり１００万戸入植計画が北海道で実施される。こうした政策が導入された結果、地場産業の未発達、黙っていれば東京の方から何かしてくれるといった植民地経済意識が定着してしまう。こうした傾向は現在も続いているといわざるをえない。

一方、戦後復興が北海道におけるリベラル勢力の拡大につながった。なぜなら、エネルギーでは炭労、食料生産では農民連盟といった労働組合が組織されたからだ。戦後、教育勅語に替えて教育基本法が作られた。この理念発出は札幌農学校である。クラーク博士の教え子である内村鑑三、新渡戸稲造にアメリカ独立宣言の思想が色濃く受け継がれ、こうした思想は東大総長となった矢内原忠雄、南原繁にも引き継がれていく。

1952年、矢内原忠雄は講演の中で「明治初年において、日本の大学教育に二つの大きな中心があって、一つは東京大学で、一つは札幌農学校でありました。この二つの学校が日本の教育における国家主義と民主主義という二大思想の源流を作ったものである。すなわち、日本の民主主義教育発祥の地は札幌である。日本の教育は、少なくとも官学教育の二つの源流が東京と札幌から発しましたが、札幌から発したところの、人間を創るというリベラルな教育が主流となることができず、東京大学から発したところの国家主義、国体論、皇室中心主義、そういうものが日本の教育の支配的な指導理念を形成した。その極、ついに太平洋戦争を引き起こし、敗戦後、日本の教育を作り直す段階に、今なっておるのであります」と述べている。この矢内原忠雄の講演は、戦後の日本の教育なり、戦前からの流れをよく象徴している。だからこそ北海道はリベラルな教育発祥の地であり、リベラルな思想の母体となった。

・北海道にこだわった政策創り

私が生まれた石狩当別町は宮城県伊達藩の支藩、岩出山藩のお殿様以下みんなで移住してきた地だ。その時の苦労に苦労を重ねた小説が本庄睦男の『石狩川』だ。リベラルな土地というより封建色のにおいのする土地だった。篠津開拓の中心地で戦後世銀資金によって開拓された地だった。

私が農水省に入る時に人事担当官から「戦後農水省の実施した世界的な事業を三つあげよ」といわれた。「一つは八郎潟の事業、二つ目愛知用水事業、三つ目、うーん、わかりません」といったら、その人事担当官から怒鳴られた。「君は自分の生まれた故郷で行われていて世界銀行が融資した大事業を知らないのか。自分の故郷も知らないでよく農水省に入ってきたな」と叱られた。これで私は農水省落ちたかなと思ったけれども、幸い入ることができた。入ってから人事担当官である松井芳明設計課長から言われたことは、「自分の故郷を大事にする人間でなければ、公の仕事はできない。なぜならば君がこれから農水省に入ったら、何十億、何百億円というお金を扱うことになる。いろいろな人が補助金を目的に近寄ってくる。そういう人が本当に正しいのかどうか、あるいは自分がつくった補助金が本当に役にたつのかどうか、ということを判断していかなければならない。その時に本当のことを言ってくれるのは、自分の地元の故郷の同級生やあるいは先輩たちだ。そういう人は厳しい言い方をすると思うぞ。それが大事なのだ」ということを言われた。

北海道というのはどういう土地なのだろうか。北海道というのは明治維新の負け組の人たちが集まってきた地域だ。この伊達藩の支藩の当別町に入植した人達は、それまで1万石くらいだったものが、100石前後に減俸されて北海道に追いやられてきている。屯田兵というのは幕臣の人たちを中心に、あるいは江戸幕府に味方した人たちが士族の位を取られて北海道に追いやられて来たのだ。それが北海道の開拓の歴史なのだ。

ところが当時幕臣のほうがはるかに知的水準が高かった。長州や薩摩から明治政府の中心となった人たちよりも、はるかに江戸幕府で仕事をしていた人のほうが知識人階層である。だから本音としては「あの芋侍め」という気持ちがある。しかし北海道を開発するためには、政府の資金が必要だ、明治政府の協力が必要だということで、表では頭を下げるけれども裏では今にみていろという気持ちが北海道人の中に脈々と流れていた。

船山馨の『お登勢』という小説は淡路藩の人たちの開拓の話、来る予定だったお殿様がこなくなって、それでも日高地方に入って開拓をする。そしてこれをモデルにして映画化したのが「北の大地」なのだ。吉永小百合を主人公にして作った映画、小説「お登勢」が下敷きになっている。侍だった父親は堕落してしまう。それでお登勢がその家を盛り立てていく。それから本庄睦男の『石狩川』は、当別を舞台にした小説。石狩川をどういうふうに治水し、泥炭地を開拓していくのかということを題材にした侍の映画も作られる。非常にいい映画だと思う。

これに共通しているのは絶対最後まで負けないと、男どもはだめだけれども女性が頑張るというところが貫かれている。北海道人というのはそういうパーソナリティというかメンタリティを持っている。だから比較的国政の政治家では予算確保のため政府与党系が、自分たちの北海道とか地方の市町村の首長には自分たちのプライドを守るため野党系の人たちを選出する傾向にあるのだと思う。

そんな道産子の血が私の体内に脈々と流れている。私は常に北海道を思い北海道から政策創りをしていたことに気が付くのだ。

2．北海道庁時代の政策

(1) 北海道庁勤務　農地開発部予算の削減

最初農地開発部に出向し、やったのが大幅な農地開発部予算の削減だった。普通、中央省庁から出向した役人は、本省から予算を分捕ってくるのが主な仕事なのだが、私が行ってみてびっくりしたのが、予算があふれかえっていることだった。これは北海道枠というのがあって、北海道の予算枠が政治的に決められるのだ。そのため予算があふれかえり、アップアップの状態で職員がもう対応できない状況にあった。実際にこれは必要ないよなというものにまで予算がついていた。

そこで予算を100億円カットすることにした。100億円はかなり大きなもので、その時の主計局の課長補佐（主査）が、私の農水省時代のパートナーだった勝栄二郎、後に財務省の大物次官になる。「荒井さん、カットして大丈夫か。あなたの役人キャリアに支障をきたすのじゃないか。これはそのままにしておいたほうが良いのじゃないか」と言ってくれた。「いや必要ないものは必要ないのだ。ここは勇気を出してカットしよう」と言って削減した。公共予算は、地域枠と事業枠がそれぞれ政治的に決められるものだ。したがって北海道の農業予算を単純に減らすだけではすまない。

特に地域枠は地域の政治家の最も関心のあるところで、国会議員は言うに及ばず地方議員の関心事なのだ。コンマ数パーセントの上下に一喜一憂し、大臣や知事の評価につながる。したがって北海道の農業予算を減らすことは、地域枠を守るため道路予算などを増やすことに繋がる。北海道にとっては農業より道路の要求が高いので喜ばしいことだ。ところがそれは、事業枠を守らなければならないから本州の道路予算を減らすことになる。建設省の道路局としては、とばっちりだ。普通は門前払いの処置だったが、とうとう当時の渡辺美智雄大蔵大臣まで動かして成し遂げた。公共予算の縦（地域枠）横（事業枠）を大胆に変更した最初の例となった。

（2）食の祭典後始末、不良債権処理（暁の処理策）

食の祭典は私の担当ではなかったが、ある時、横路知事から「相当な赤字が出ているので債務処理をして欲しい」と頼まれた。多くの霞が関の先輩たちは「絶対にやめろ」と、「お前に関係がないのだから」と言われたのだが、引き受けた。この赤字の処理はだいたい90億円くらいあった。そこで三分の一ずつ赤字を負担しようと北海道庁が約30億円、建設業者が30億円、残りが融資した銀行に負担してもらう、いわば三方一両損になる計画だった。この計画は、道議会自民党が大反対。横路道政の最大の失策を攻撃できなくなると考えたからだ。損きりする銀行、特に拓銀から私は怒られた。これをセットするために当時日銀の札幌支店長であった高向巖さんを説得に行ったが、日銀は銀行を守るほうの仕事であり「絶対許さん」と言われた。だが、強行した。「暁の処理策」といって、早朝うつらうつらしていた我孫子健一副知事に説明しその形を強行した。この案が議会で通らなければ、道議会を解散し知事も再選挙で民意を問うと主張した。議会は折れ、強硬債務処理は軌道に乗ることとなった。

（3）2回目の道庁勤務　知事室長（ポリティカル・アポインティ）

2回目の道庁勤務は知事室長として、ポリティカル・アポインティ（政治任用）だった。霞が関の中では大反対だった。農水省というのは党といったら自民党を指す。それを社会党のプリンスといわれていた横路孝弘にポリティカルアポインティで勤務するということは「もうお前は農水省に戻れないかもしれない」という脅しをかけられた。その時に背中を押してくれたのが田中宏尚事務次官だった。そして近藤元次農水大臣、さらに四元義隆という方だった。

(4) 小型サケマス漁船違反操業事件

2回目の道庁の時によさこいソーランとビザなし交流を手がけて成功させた。そしてもう一つはあまり表に出ていないが、小型サケマス漁船違反操業という事件があった。北方領土海域を中心に漁民が獲っている魚は全部水産年鑑に載せている。水産年鑑に載せているということは、道庁も水産庁もそれを承認しているということだ。そのトータルが漁業協定をしている漁獲量を大幅に上回っていたのだ。見る人がみれば違反しているということがすぐに分かる状態だった。海上保安庁も水産庁も道庁も、あそこは日本の領海なのにどうして悪いんだ、という気持ちがあるのでみんな大目にみていたふしもある。

ところがアメリカのコーストガード(沿岸警備隊)が航空写真を撮って「日本の漁民が違反操業をしている」といって訴えてきたのだ。それを受け取ったのが当時、札幌高等検察庁の佐藤道夫検事長だった。これは国際条約違反だということで、躊躇する海上保安庁に違反操業の漁民を逮捕させてしまった。逮捕すると裁判だ。裁判になると漁民の方は「俺たちが採った漁獲量はちゃんと報告している。道庁も水産庁も承認しているじゃないか、俺たちは無罪だ」と主張するのに決まっている。そうなると北海道知事、水産庁長官まで引っ張り出されて国際的なスキャンダルになりかねなかった。そこで当時私が農水省から来ているということもあって、夜、最終便で東京に行って水産庁と打ち合わせをし、朝一便で札幌に戻ってくるという生活をしながらこれを収めた。

結果的には佐藤道夫のところに行って「これをやると国際問題になってしまう、知事も責任をとらないといけないかもしれません」と相談した。「何とかなるよ」と、「そうですかどうすればいいですか」と聞くと「逮捕したみんなが、罪を認めればいいのだ、犯罪を犯しましたと言えばいいのだ、それしかないよ」と言われて、仕方なく私と道庁の山根喬顧問弁護士（北海道弁護士会連合会会長）とで、釧路と根室の漁協に頭を下げてまわった。大物弁護士がよく一緒してくれたと感謝した。何とか罪を認めてくれということで収まった。その後、知事や水産庁長官に責任が及ばないように水産部長が自ら責任を表明した。横路知事は責任を負った水産部長を更迭しようとした。私は大反対した。すべてを理解して責任を負ってくれたのだ。この事態を改善できるのは、くだんの部長しかいない。横路知事は理解して承認した。

しかし、当然次期水産部長と目されていた支庁長から「荒井よけいなことをして」と恨まれた。ところが据え置かれて3か月後、奥尻島で津波による大災害が発生した。長期間、江差町に赴任し、たびたび奥尻にも視察していた支庁長は復興に目を見張る活躍をした。数年後、水産部長から大抜擢の副知事に昇格した。私は感謝されてもよいのだが。

（5）研究機関の強化、整備、北方型住宅

私は技術職であったこともあり科学技術などの行政に特に関心を持っていた。知事室長に任官して初めての業務が札幌医科大学に看護学部を新設することだった。父が30年以上前に関心を持ち札幌市立の看護士養成学校の設立や、新設の札幌慈恵女子高等学校に准看護養成課程を取り入れるなど、なにかと看護士養成には縁があった。よく文部省に説明に通い成功した。

北海道の特色は一次産業だ。しかし原産品の生産には優位性があるものの、加工技術がいまいちであって、付加価値をつけることに後れを取っていた。そこで江別に食品加工研究所を設立した。道立の研究機関でありながら国の研究機関と交流できる機能を付加させた。

そして北大構内にあった北方型住宅研究センターを強化して、寒冷地である旭川に移転した。寒さに強い住宅の仕様を研究した。その結果が北方型住宅だ。ところが、この仕様は密閉性の高いエネルギー効率の高い住宅であることが明らかになる。この特性はエアコンの普及と合わせ、本州でも熱効率の高い住宅として競争力を高めていく。

特に2009年民主党政権下での経済対策の一環として二重窓の改築費を補助対象とした。これを契機にエコ型住宅に関する社会的関心は高まった。

CO2の排出量の3分の2は住宅や大型の建築物から出ている。CO2削減の観点から、エコ型住宅というのは極めて重要だ。このエコ型住宅に最初に手を付けたのは、この北海道なのだ。エネル

ギー熱がどこから出ているかというと窓枠から出るのが一番大きい。この窓枠を2枚ガラスにしたりあるいは木のサッシをつくったりした。これが北海道型住宅だ。この北海道型住宅が２０１０年位から北海道だけでなく本州でも売れ出した。それはエアコンの効率を高めるために、このエネルギー効率の高い住宅が良いということが分かって来たからだ。もっと北海道全体を挙げて北海道型住宅の販売に力を入れるべきだ。さらに日本のビルや住宅は、ほとんど全部といっていいほど内断熱だ。しかしヨーロッパでは特にドイツでは外断熱だ。外断熱のほうが施工費は高くなるけれども、断熱効果が高くなるのに加えて住宅の耐用年数が長くなる。

日本の住宅建設の大きな課題は、25年で償却してしまう耐用年数が非常に短いということだ。日本の住宅戸数は約９００万戸が余っている。この空き家を改造して熱効率の高い住宅に改造することは、日本の住宅と言うインフラを保持することに繋がる。また新しい産業の扉になる。

(6) 北海道固有の政策課題である北方領土問題とアイヌ政策

北海道固有の政策課題として、北方領土問題とアイヌ政策がある。世界の政治課題を見てみると、多くの国で領土問題と民族問題を抱えている。日本においても外交政策の最大課題は北方領土問題。第二次大戦後の１９５６年に締結された日ソ共同宣言で、鳩山一郎が北方領土を明言し、その後も東京宣言やイルクーツク宣言、安倍晋三が首相になってから、二島返還に切り替わるなど紆余曲折の経緯をたどった。

もう一つはアイヌ政策だ。私が道庁知事室長時代にアイヌ対策室を立ち上げたが、その際に、勉強した中に哲学者・宗教学者梅原猛の本があった。今でこそ遺伝子解析によって縄文人に一番近いのがアイヌ人だと明らかになっているが、彼は哲学者、宗教学者としての直感から「アイヌ人は縄文人だ」と指摘した。

また、明治政府は先住民であるアイヌ人対策を行うため、アメリカのインディアン対策を参考にしようとした。その取り組みの一つが札幌農学校で、同校の目的がアイヌ対策であるとはどこにも記されていないが、アイヌの人たちは薄々感じとっていた。未だに北大に対する反感がある。

さらに、1980年代の中曽根政権下で「日本人は単一民族である」との主張したこともあり、アイヌの人々が反発、アイヌ人の権

横路議長とカンボジア公式訪問

利回復に向けた動きが盛り上がりを見せる。横路道政でもアイヌ政策を立ち上げ、私も藤波孝生並びに小渕恵三官房長官に陳情した経験がある。その後、この動きはアイヌ文化振興法として平成9年に村山政権の元で成立、2007年には「先住民族の権利に関する国際連合宣言」など、先住民族への配慮を求める国際的な要請も高まってきたことで2019年、新たなアイヌ新法と国立博物館（ウポポイ：民族共生象徴空間）が建設された。

民族のアイデンティティは言語と言われている。私は言語の研究が遅れていると感じている。さらに維新の会の一部のネット右翼により、アイヌ人は存在しないとのヘイトスピーチが拡がったのは許せない暴論だ。札幌市議会における質問でも、大きな問題となっているが、アイヌに対するヘイトスピーチは後を絶たない。こうしたヘイトスピーチの根絶も北海道の大きな政治課題だと感じる。

（7）きらら397

1986年農水省から北海道庁農地開発部の耕地計画課長に赴任する。札幌市立八条中学の同期3人が集まった。ホクレンの長野眞之（のちにエリートコースの東京事務所長）、北海道庁上川農業試験所の前田修、それに私だ。

1970年、日本の歴史始まって以来初めて、米の生産が需要を上回った。そこで農水省は各都道府県に米の育種研究をやめるようにと通達した。多くの県が農水省に従った。しかし北海道や新潟、山形などはこの指示に従わなかった。北海道独自の米の育種をすると決断するのだ。これが成功する。良質な競争力のあるコメの育種に励むのだ。その成果が北海道で生まれた上川農業試験場で作られた397番目の育種。食味も優れ、北海道が農水省に逆らって作った自信作だった。

長野が「今度、前田たちが食味の良いコメを開発した。自分がホクレンで販売の責任者になった。命名から始めるのだ」と述べた。「これまでの北海道米のネーミングも、相撲取りが米俵を担いでるような宣伝ポスターも垢抜けしない」と私。

私は「ホクレンの女子従業員にアンケートで名前を募集してみたら」と述べた。

前田は「正式名称は上育397番だ。上川農業試験所で育種開発した397番目の自慢の米だ。今までの北海道米の悪名を払しょくする米だ」と。それまでの北海道米は、「猫マタギ」と呼ばれ猫も食べずにまたいですぎると、まずいコメの代名詞だった。それが温めると十分粘り気もあり本州米のような米だ。

1か月後、長野がアンケートを実施した。「きらら」という名前が一番だった。これにしようとなった、と説明があった。ところが前田が「自分たち技術者が必死に開発した米だ。そんなスナックのような軟弱の名前（実際ススキノに同名のスナックがあった）は承服できない」と述べ長野と言い争いになった。そこで私が調停案を出した「きらら397」と。軟弱だが女性に好かれる「きらら」と「開発者の努力の表れ397番目の育種」を組み合わせたのだ。

ユニークなネーミングで効果があったのか、北海道産米のベストセラーになった。特に外食産業にはなくてはならない米となった。その理由は温度が下がると旧来の北海道米の性質通り〃粘り気〃が一気になくなる。外食産業での手間はどんぶり洗いなのだ。粘るとなかなかドンブリから米粒が落ちないが、この品種だと水を通すとさっと洗えるのだ。安価で温かい時は粘り気が十分ある。外食産業にもってこいの育種だったのだ。30年前の育種だが依然として北海道が誇る米となっている。これ以降、北海道の農業試験所は、米をはじめ野菜、果物など育種に活躍し、北海道農業の基盤を支えている。

(8) 北海道拓殖銀行破綻

1990年頃からバブル崩壊が始まっており、中央省庁間では北海道拓殖銀行の経営状況が悪化していると噂していた。そこで知事室長であった私は、道庁の経済部に拓銀にもしものことがあれば金融をはじめ北海道経済界に与える影響を調査すべしと伝えた。ところがその時の返答は「そのような調査を行う部署もありませんし、何より拓銀が破綻するなどということはありません」というものだった。北海道最大のシンクタンクの無警戒ぶりにあきれた。

自民・さきがけ・社会党の連立政権最大の課題は、住宅専門会社の不良債権処理に発する金融危機だった。私は金融危機の課題には直接携わらなかったが、拓銀の経営状況については危機感を持っていた。住専国会で公的資金を拠出して金融機関の再建にめどがついたので、武村大蔵大臣に金融機関なかでも都市銀行の健全化に目途がついたことを公表するように頼んだ。武村は私の頼みごとを聞いてくれた。これで都市銀行の一角を占める拓銀は大丈夫だと胸を下した。ところが私の思惑は浅はかだった。拓銀の職員はそれまで危機感から流出する預金を必死で止めるため歩き回っていたのだが、それを止めてしまった。「拓銀の存続を国が保証してくれた」と取ったのだ。

あっという間に経営は悪化した。翌年、私は選挙に落選した。その浪人時期に拓銀は破綻した。丸井今井百貨店、地崎工業など北海道を代表する企業だけでなく製材、水産など北海道の地域の主力企業が軒並み経営悪化していった。当時の北海道経済連合会会長の戸田一夫と一緒に大蔵省や建設省に陳情を繰り返した。その効果もあり最小限での影響に抑えられた。

その後、道内トップ銀行になった北洋銀行をはじめとして、金融庁の強い行政指導もあったのか〝貸しはがし〟が相次いだ。この影響で企業の社長が自死するという例が相次いだ。北洋銀行の高向巌頭取に会い、私はこう指摘した「営業も製造も人事も広報もすべてに熟知しているのが経営者です。会社の社長が育つのは時間がかかります。いわば会社の社長は社会のインフラです。日本は会社社長を大切にする文化が根付いていません。それに拍車をかけているのが銀行の貸しはがしです。もともと庶民の預金を集め、これはという企業に融資し、その企業が作り出した利益の一部を銀行の収益金としているはず。銀行は企業人を育てることこそ中心責務だ。それを貸しはがして、経営者の足を引っ張ているのではないか」。

翌月の支店長会議で貸しはがしについて「会社を倒産に追い込むような資金回収を慎重に」と指示したそうだ。

拓殖銀行の倒産は北海道経済に50年に一度あるかどうかという衝撃を与えた。いまだにその影響は払しょくできていない。しかも都市銀行が存在していないというハンディを克服できていない。しかし企業倒産は私には想像もできなかった影響を与えることに気づかされた。拓銀は北海道で最も優秀な人材を抱え込んでいた。その人材があちこちの企業に転職したり、起業したりして新しい会社が続々と出来ていったのだ。焼き畑農業を見る思いだった。経営は奥が深い。

第7章　教育こそ国の基礎

1997年、英国労働党党首のトニー・ブレアはマニフェスト（政権公約）で教育改革を前面に打ち出し、地滑り的勝利を収め、18年ぶりに政権に復帰した。日本の今回の政権交代のテーマもまた教育とすべきだ。野党各党の共通政策は政治資金改革と教育改革である。

近代政治の基本理念はジャン＝ジャック・ルソーの唱えた「自由、平等、博愛」である。ルソーは教育者であった。よりよい教育を受けさせるための理念だった。この理念が最も早く日本に伝わったのはクラーク博士を通じた札幌農学校だ。

その理念は、戦後の教育基本法につながっていく。

1．私の教育論

教育は私学と公立教育がある。本来教育は私学が中心であるべきだ。教育は政府などの公権力から独立していなければ、自由な教育を与えることが出来ない。北海道では公立高等学校が優勢だが、教育の本質や財政論から見ても私立での教育をもっと重視すべきだ。私立として経営が成り立たない地域での教育は、公立でしかるべきだがそれ以外は私学を中心にすべきだ。

私は北海道庁に団体対策をも所管する知事室長として赴任した。私学協会会長として来訪したのは父の友人でもあった森本正夫北海学園理事長。

「荒井君、君は北海高校のグラウンドの脇にあった教師の宿舎で育ったのだ。漢字を教えたのも算数を教えたのも君の父の同僚の札幌商業高校の先生の奥さんたちだ。いわば君は私学の息子なのだ。その私学が北海道では冷遇されている。私学への北海道からの補助金レベルは全国でも最低クラスだ。君がここに来たのは父君の思いを実現するために来たのだ。改善を考えてくれ。」

〝さすが理事長〟その説得力は強力だった。知事とも相談の上、補助金水準を大幅に引き上げ、全国的に見ても恥ずかしくないぐらいの水準になった。

（1）不登校生問題といじめ

私は農水省時代開発途上国の人々、特に若い人々と交流する機会が多かった。また日本から青年協力隊をその国の小学校や中学校に派遣した現場を体験した。途上国の青少年は、日本の同世代と目つきが違うことに気が付いた。異なる国から来た人が何をするか、何を語るのか興味津々という目つきをしているのだ。

教育とは次の社会のための世代を作ることではないか。開発途上国ではその趣旨が生きている。子供たちは、もともと好奇心と深い探求心の心を持っている。その場が学校だということも理解している。今の教育現場の課題は、不登校生の拡大だ。学校に来られないのだ。いくつかの原因があるのだろうが、ウクライナやウガンダ、私のいたスリランカでは、不登校という現象はなかった。

戦争状態のウクライナでは、危険を冒してでも、子供たちが教師から勉強を教わっている。本来学校は「新しい友人を得、新しい知識を得、そして一生の師に会える場」なのだ。面白くないはずがない。それにもかかわらず不登校生になっている原因を、学校に押し付けることなく社会、政治上の課題として究明していくことが必要だ。ここに来て文科省も不登校生問題を専任に扱う部署も新設したようだ。

私の友人で山岸育美という歌手がいる。彼女は、歌手活動でお金がたまるとアフリカのウガンダに日本から不登校の子供達を連れて行って、現地の子供たちと交流させる活動をしている。内戦状態を脱したウガンダでは、子供たちの中に内戦の被害に遭い、片足がない、片目が不自由などの子供たちが少なからずいる。言葉も不自由だが日本から連れて行った子供たちは、すぐ仲良くなり一緒に遊び、学び始める。ウガンダの子供たちがいかに学校へ行きたがっているかを見る。学校に通えることがいかに幸運なのか、その機会が通常ではないことを知るのだ。日本に帰ると不登校はなくなるという。

いま山岸育美は、円山動物園の中のレストランを経営している。ウガンダからの少女にレストランの経営を学ばせている。ウガンダの少女たちにレストランを開店させる希望を持っている。山岸の持論は、「不登校の抜本策は家庭にあるのではないか」としている。新陽高校のベテラン先生に言わせると、自分の子供を父も母も叱ることが出来ない、「死んでやる」と子供に言われると、それだけでひるんで何も言えなくなってしまう。もちろん子供たちも「死」がどういうものなのか分かっているわけではない。

我が高校では新1年生は、全員で6月のよさこいソーランに参加し、大通をパレードする。もちろん父や母も見に来る。その中で涙を流して見ている母がたくさんいる。中学の時、満足に宿題もせず、学校も行かない自分の子供がみんなと一生懸命踊っている姿に感動しているのだ。それを見た子供も、初めて親に褒められている実感を得た。常に家庭内で叱られている親子関係、褒められたことのない子供に新しい境地が生まれた瞬間だ。手伝いに来ていた上級生に「よく手伝いに来たな、ありがとう」と伝えた。その子供は「家にいるより学校に来ているほうが楽しいのです」と答えた。学校は楽しいことで満ちているはず。それを伝えきっていない。我が高校では「不登校生ゼロ」を目指して校長を先頭に頑張っている。中学校時代不登校生だった学生の80％が学校に来るようになりましたと報告を受けている。まだまだ努力しなければならないが、出身の中学が驚いているそうだ。

不登校の原因の一つに「いじめ」があるのではないかと想定している。いじめとまでは言わなくてもコミニュケーションギャップがあるのではないか。

いじめの根底に横たわるのは、偏見や多様性に対する理解不足だ。自分たちと何か違う、似た者同士だけが集まり、それと異なるものとの交流を阻むと言うものだ。もともと人間は基本的に他のものを排除する本能がある。それは感染症を防ぐ経験則に基づくものかもしれない。いやもっと本源的かもしれない。人間にとって最も大切なのは免疫系である。免疫は自己と他を弁別する機能であることを考えると、自己と他人を本能的に分けているのかもしれない。しかし、人間の文化が発達してくると異なる文化、人種と交流することで知識、技術が向上することを理解するようになった。それが「多様性を大切にする」という概念だ。この概念は本能と対抗するものだから知識や経験でしか、つまり教育でしか培われない。偏見やそれに基づくいじめを克服するのは、教育でしかできないのだ。いじめが克服できない社会は、未開の社会と相通じている。子供たちいや社会全体でそのことを理解しあっていくことが必要だ。

（2）知識より好奇心や探求心を育む

私は介護保険制度の創設に関与した。その時、介護が必要となる認知症には、個人差が大きいのだが、それは何故かに興味を持った。心理学者や医者、介護の専門家に聞いたが、満足な回答がなかった。そのうち認知症にならない人々のある特色に気が付いた。好奇心が強いのだ。年老いても趣味を持ったり、カラオケを楽しんだりしていたのだ。そこで心理学者に「好奇心はいつ培われるのですか？」と尋ねた。心理学者は、「幼少期、森や河で遊んだ時です。木のうろにどんな鳥が巣を作っているのか？　川の石の下にどんな虫が隠れているのか？　そんなワクワクする体験を通じて好奇心が養われていくのです」と答えてくれた。

残念ながら、今の子供たちは豊平川での炊事遠足の機会も、学校林への下草刈りもさせていないようだ。せっかくの好奇心の芽を摘んでいるのかもしれない。もっとも自然には危険がいっぱいだ。それに対応する学校側の準備も必要になる。

教育の姿勢として「探求」なる言葉が広がってきた。知識偏重の教育その頂点の大学受験は、知識をいかに記憶しているかを問う試験だった。この30年の我が国の最大の危機は福島原発事故だった。この危機に敢然と立ち向かったのは、東京大学卒業の優秀な官僚や会社の幹部社員ではなく、「福島フィフティ」と言われた東京電力の現場作業員だった。被爆の恐れも顧みず、メルトダウンした原子炉からの放射能を外部に放出させないとの作業をしたのだ。知識偏重の教育を受けた者より、高校卒の作業員のほうが高い自己犠牲を示した。福島県地元で採用された人が多くいた。彼らの子供たちが東京電力関係者ということで、学校でいじめられたと東京電力から知らされ、私は内閣委員長として国会の場でこの福島フィフティをたたえた。いじめはやんだ。

一流の大学を卒業して公務員を希望する際、第一希望が国家公務員ではなく、地元の地方公務員だとの話を霞が関の人事担当からよく聞くようになった。商社に入社したエリート社員が、海外勤務を嫌がる風潮が強くなった。入社式に母親がつきそいしてきた、との話も今や珍しくなくなった。若者に「志」や「次の社会を創るとの決意」を教育しそこなったのではないか。日本の経済が停滞している。日本ではむしろ地方の野性味あふれる人にその気質が受け継がれている。野性味あふれる精神、つまり命を大切にし、弱きものを助け、卑怯なことを恥とするあの会津武士の教育方針が教育の本質ではないか。

日本では毎年5万社が起業しているが、廃業もまた5万社なのだ。会社の数は増えていない。これでは経済発展は容易ではない。中国や開発途上国では恐ろしい勢いで会社の起業が、アメリカでは大学生が起業している。我が国では、若者に起業に挑戦しようとの精神を教育しそこなった。また会社の生産性を向上させるためには、社員一人一人の技術水準を高める必要がある。これもまた教育水準と密接な関係がある。経済団体も教育は文科省の所管で関係ないとしていたら、ますます我が国の経済発展のポテンシャルは、下がっていくだろう。第二の松下幸之助も本田宗一郎も現在の教育制度から生まれるだろうか？　高校生のうちから起業家精神を教育する必要があると思うのだが。

私の持論だが、高校時代のクラブ活動と起業家精神は密接な関係がある。起業するには、幅広い知識とある分野における深い知識、人と協力することの重要さを学ばなければならない。これは団体競技と似ている。全体を見ていなければ、その中で自分の役割をしっかり理解する能力、そして最後は体力が勝負を決するということを会得するはずだ。この体験は一生の宝物になるだろう。しかし学校におけるクラブ活動が停滞傾向にある。その理由を次の（3）貧富の格差、そして（4）の教育者の働き方環境で記した。

（3）教育界の最大の課題　貧富の格差

民主党政権での大きな改革は「高等学校無償化」の政策であった。自民党政権になって、無償化は低所得層に限られたが、その要点は色濃く残っている。学生の学力と家族の所得には明らかな相関性がある。クラブ活動に熱心になれるか否かも所得に関係している。東京大学受験生の親の平均所得は1000万円を超えているとされる。一方、母子家庭の平均所得は年間250万円程度だ。これでは塾に通わせることも、好きなクラブ活動をさせることも困難だ。母親が子供の高校入学金（札幌市の場合私立高校で25万円）を稼ぐため、通常の会社勤めを終えて、6時からスーパーでアルバイト（ダブルワークと言う）をして入学金を稼いでいる姿を子供は見ているのだ。塾に通わせてほしいと言うことが出来ない。高校生になるとほとんどの子は、家計を助けるためアルバイトをする。

文科省はこの実態を全国調査すべきだ。その際、離婚後の子供の養育費の実態についても調査対象にすべきだ。家庭内の暴力という理由から離婚し、居所を知られることを恐れるので、子供の養育費を請求できていない。いやもっと多くあるのは、父親のほうが養育費の支払いを放置する例のほうが多い。この点も裁判所が強制徴収するような法制度が必要だ。

低所得家族に育っても勉強が好き、スポーツに才能を発揮する子供たちはたくさんいる。しかし大学に行く資力がない。奨学資金制度はあっても卒業後その返済に四苦八苦する先輩を見ている。結局大学への進学をあきらめるのだ。大卒と高卒では生涯賃金の差は1億円にもなるともいわれている。できるなら進学したいのだが経済的環境がそれを許さないのだ。すでに日本の子供の貧困率はOECD国の中で下から2番目である。最低が移民国家であるアメリカであるから、実質日本が最低ともいえる。

少子化の最大の原因は、この所得格差にある貧富の格差だ。学力だけでなくクラブ活動の低減もこの所得格差が原因の一つだ。道具の購入、遠征費、コーチの経費などなどクラブ活動部員への経済的負担が決して低くないのだ。アルバイトをして家計を助ける子供たちにとってクラブ活動は、贅沢な活動なのだ。高校生にとってクラブ活動は、一生に一度の機会だ。そこで得る体験や友情は、その子にとって一生の宝だ。私はクラブ活動に励んでいる学生に「スポーツによって学ぶことはたくさんある、その中でも貴重なのは、負けるという体験、さらにそれを乗り越える努力や工夫がいかに効果があるかを体験することだ」と話している。その貴重な体験を所得格差ゆえに放棄せざるを得ないのだ。育つ可能性を諦めさせている。教育は人材の育成だ。それと反対のことが教育の世界で広くはびこっているとしたら、それは政治と行政の責任だ。

私が理事長を務める高校では、返済義務のない奨学資金を探している。また低額の授業料で済む大学を探している。意外なのは奨学資金制度に手厚いのは地方の公立大学だったことだ。その県や市町村にとって、大学はある種の希望だ。若者が増えるのだ、人口に比例する地方交付税もわずかながら増えるというメリットもある。地方の活性化に役立つ。総務省や内閣府は地方活性化に学校を活用する方策を研究すべきだ。北海道では地方の少子化が原因で道立高校の廃校が進んでいる。学校がなくなることを避けるため、市町村は独自に市町立高校を設立している。しかしその経営は極めて困難だ。私は札幌の私立高校が支援連携して市町立高校の存続支援を図るべきだと考えている。そのための方策を研究している。

(4) 教職員の人材確保と働き方改革

教職員の採用が難しくなっている。社会全体で労働力不足が顕著になっている中、教職員の不足も顕著になっている。なにせ残業代は本俸の4％と法定し、残業をしてもしなくても変わりないのだ。

こんな変な勤務体系を温存している業界は他に知らない。良心的な教員ほどサービス残業をしている、こんなブラック企業には新入社員は入社しない。

残業してもしなくても残業代に変わりはないから管理職は、個人の残業時間を管理しない。これでは管理職の業務を放棄してるも同じだ。教頭や校長は個別の教員の仕事ぶり（どの程度の時間で必要な仕事が出来るか）を評価して、その部局の仕事量を減らしたり増やしたり、不得手なら研修を課したりしてその能力向上を図るのが管理職の仕事のはずだ。その指標は残業時間のはずだ。残業が多くても必ずしも熱心な教員と言うわけではない。むしろ結果を重視すべきだ。学校の所期の目的をどれほど達成したかを明らかにすべきだ。進学校なら偏差値の高い大学への進学かもしれないが、私の高校では不登校や転学退学を低減させることだと常に語っている。貴重な高等学校の時代を全うさせることこそ本学の建学の精神だと語っている。ちなみに私の経営する高等学校では、残業代を支払っている。タイムカードを押している。残業代の管理で教職員の残業はその7から8割がクラブ活動に占められていることが分かった。もちろん経営費の圧迫要因になるのだが、それ以上に優秀な職員の確保や業務の改善に役立っている。

今の教員養成システムを改革する必要がある。私は大学で教えていたこともあるのだが、今の制度では私は高等学校で教鞭をとることはできない、教職の資格を持っていないからだ。しかし会社の工場長経験者、経理部長経験者、あるいはサラリーマンからの転出者など多様な人材をこの社会で受け入れてはどうだろう。その方が学生にとっても面白いはずだ。人生の経験者が語る授業のほうが、はるかに役に立つはずだ。大学の教員養成課程を卒業した者しか受け入れない制度は、時代遅れだ。最近戦前の高等師範学校は、よくできた制度だと思いなおした。資力のない子供たちが勉学できるシステムとして機能していた。師範学校生徒に給与給付がされていたのだから。授業料の圧力ゆえに大学進学をあきらめている子供たちには、朗報となるはずだ。

(5) クラブ活動とその問題点

学校自体が規模縮小するに従いクラブ活動が成立しない学校が増えた。野球ならクラブ員が9名集まらないのだ。そこで近傍の学校と一緒になってクラブを結成する。または地域クラブに参加して腕を磨くことになる。しかしそれでは中体連などの体育大会に出場できないのだ。中体連の古風な体質にもあきれ返った。中体連種目に硬式テニスが採用されていないのだ。調べると昭和30年代から一貫して種目変更はないのだそうだ。

これでは既得権益にこだわっている最たる団体だ。中体連参加が認められなければ、公に顧問の教師を派遣させることが出来ないなど不都合が数多ある。子供たちに向かい合っているのか、自分たちの先輩たちが作った既得権益に向かいあっているのか、はなはだしく疑問だ。スポーツ庁も「中体連は独自の論理で活動しているのです」と言っていた。そんなことでよいはずがない。中体連なる組織を見直し、中学の校長経験者で運営するのではなく、外部の識者で運営させることを提議する。民主党政権時、官僚の天下りを厳しく制限した。ここにも天下りの弊害が残っているのではないか。

クラブ活動の指導教師は外部講師を大々的に認めるべきだ。中学生や高校生はコーチの技能で上達度が大きく異なる。特定の先生の勤務校でその先生のクラブチームが連続優勝するという例は枚挙にいとまがない。それだけコーチは大切だ。一方、学校でのクラブ活動では、教師の中から顧問になってもらわなければ活動ができない仕組みになっている。活動中の事故に遭ったときの責任の在り方と関係があるからだ。教育に関する責任は、学校教育法により学校長にあると定めている。この規定を厳密に解釈すると外部委託は困難となるからだ。

しかし専門的なコーチ術を身に着けているコーチの指導を受けると見違えるように、効果的に技量を身に着ける。オリンピック選手や国体参加のスポーツマンは、コーチの技量に優れている。私は時々全日本チャンピオンだったプロのテニスプレーヤーに習うことがある。10分もラリーをすると、たちどころに欠点や改善点を指導できる。アスリートの全盛期はそれほど長くない。プロ選手たちは、セカンドキャリアを探すのに苦労している人がたくさんいる。この人たちが学校教育の場でコーチとなる仕組みを整えれば、どれほどクラブ活動が実り多いものになるだろうか。文科省も制度の改革に乗り出してはいるがまだまだだ。

我が学校で２０２３年5月クラブ活動中に不慮の事故が起きた。防球ネットが倒れその下敷きとなり、重症だった。私は事故後2週間で、東京地検特捜部検事経験者の弁護士を座長とする調査委員会を設置した。そこで分かったことは、全治3週間以上の学校の現場でのスポーツ事故は、北海道では年間300件以上、全国ではおそらく3、000件以上あるだろうことであった。しかし事故調査委員会は殆ど開かれていなかった。学校内の事故を内部の問題として処理してきた。その結果、似たような事故が起きていたのだ。

この事故調査委員会が設置されにくい要因は、委員会の設置に少なくない費用が掛かる（私の法人では数百万円）こと、その種の損害保険の商品があまり多くないことなどが挙げられる。私は調査結果を持参して、文科省に説明と損害保険の商品開発を陳情した。スポーツ事故は重篤なものになると、公的共済額をはるかに超えて数億円の損害補償を負担せざるを得ない。しかし現在の多くの私立学校では、その財政負担に耐える法人はほとんどない。公立学校では地方自治体の財政負担となる。地方議会の了承を得る必要から、概して裁判の結審をもって支払われることが多い。その間、関係者の苦しみはいかばかりか。

文科省がスポーツ庁を設立して、スポーツの振興を図っていることには大賛成だ。しかしスポーツには、不慮の事故は不可避だ、必ず起こる。その責をそのスポーツの危険性に熟達していない教師に負わせることは酷だ。責任を負うことが不可避と知れば、学校現場での顧問を引き受ける教師はいなくなる。ひいては学校でのクラブ活動はなくなる。むしろそのスポーツに熟達したアスリート経験者を外部講師として活用すること。事故が起きた際の速やかな事故原因調査と広報などの制度化を図るべきだ。加えて損害保険会社の協力を得て、その種の商品開発を推し進めるべきだ。その際一般のビジネスベースでは学校は、負担はできないであろうから、公的資金を入れる工夫も必要だ。

これからますます少子化は進むだろう。一人一人の子供たちは国の財産だ。国を上げてこの子たちの成長と教育に励む必要がある。今のままだと無気力でスポーツにも興味を示さない、かつ好奇心あふれることのない子供たちを数多教育してしまう。これが10年続けば簡単に開発途上国の青年たちに追い越される。その時は日本が二流国になる。

英国も30年前教育の現場は、荒廃していた。そこでトニー・ブレアが教育改革を訴えて政権奪取した。その効果は目覚ましい。イラク進撃は間違えていたこと、EUからの離脱を決心し独自の国づくりをすると決めたこと。誤れば自ら反省し、自ら決断する国としてよみがえりつつある。議会制度は英国に習ったものだ。我が国も性根を込めて、まずは教育改革をしなければならない。

2．あらゼミ　大学の先生と呼ばれて

私の最終の国会での論戦の場は、2021年6月の国土交通委員会だった。論戦の最後に赤羽一嘉

国土交通大臣が「荒井さんの論戦を聞いていると、まるで大学で講義を聴いているようでした。授業料を払わなければと思いました。ありがとうございました」

私から「これで荒井ゼミを終えます。長いことありがとうございました」。気が付くと与野党を超えてほとんどの議員が拍手をしていた。

議員活動にとって真剣勝負の場は委員会論戦と記者会見である。委員会論戦はいわば、政治の専門家と行政の専門家との真剣勝負。記者会見は、国民の声を担っている新聞記者との真剣勝負である。前者での論戦に勝たなければ意図した法律は作れず、意図した行政はなされない。それを新聞記者が納得しなければ世に伝わっては行かない。

よく同僚、自民党のベテラン議員からも「荒井さんは大学の先生のようだ」と言われた。私は論戦の準備に徹底的に資料を読み込み、及ぶ限りの識者から、レクチャーを受けてから論戦に臨んだ。この手法は大学の研究者が論文を書く手法に似ていた。しかしそれ以上に「先生に近い」と思われたのは、私の持つ経験、知識、先輩同僚から受け継いできたものを、若い人に伝えたいと言う強い思いがあったからだ。

(1) 伊東正義のDNA　霞が関の若手役人の教育

2020年3月12日国土交通委員会。JR問題を議論する委員会。私が質疑に立った。「大臣の督励だと思います。石原課長や木村課長など精鋭が真剣に取り組んでいただきました。今、霞が関の役人になりたいという希望者がどんどん減っています。いい仕事が出来ないからです。仕事量だけ多くてその成果が見えない。そこでどんどん辞めていく。この状況下で精鋭をしっかり鍛え上げ、いい仕事をさせたのは大臣の大きな功績です」。

赤羽大臣は「忸怩たる思いでやりたいことをできなかった若手も多くいた。北海道は観光一つとっても可能性がある。鉄道行政が復活する。そのマインドで名前を挙げていただいて恐縮ですが、若手が一生懸命やったことの結果です」、こうやって答弁した。霞が関の実務責任者は課長だ。担当実務者は課長補佐だ。このラインが本気にならなければ霞が関の行政は動かない。国土交通大臣は公明党の指定席のようになっているが、さすが優れた人を指定してくる。

私の理想とする政治家は、会津の故伊東正義衆議院議員。農水省の大先輩だ。伊東が農水省の最右翼の局長、農地局長だった時、当時、飛ぶ鳥を落とすほどの権勢を誇っていた河野一郎農林大臣と大喧嘩をした。農地局は農林省の公共事業を扱っていた。農林大臣は伊東局長に「〇〇工事を×××業者に落札させろ」と指示した。その時の伊東の答弁は、「大臣それはできません。工事は国民の税金であがなっています。大臣の私費ではありません」。

それを聞いた大臣、烈火のごとく怒り、伊東を左遷する。最右翼の本省局長を地方の営林局長へと二段階降格となった。普通のキャリア官僚なら辞表をたたきつけるところだ。しかし、伊東は悠々と前橋に赴任する。それを見ていた課長や課長補佐若手農水官僚は、伊東正義帰還運動を始める。「大臣と言えどもこれは理不尽だ、伊東さんは我々に成り代わって正論を述べたのだ。官僚の良心だ」。とうとう若手官僚の運動は成功する。伊東は帰還。その後、次官そして政界に転じた。

伊東はよく若手官僚を昼食に呼んでくれた。官僚の心構え、自らの体験、国の在り方など語ってくれ、いつも勇気づけられた。そして日本の政治が大波乱を迎えた時、伊東正義総理の期待が強くなった。伊東にかわいがられた若手代表として、伊東に「総理を受諾するよう」お願いに行った。伊東はその時「荒井君ありがとう、だけどな、俺の机の上の書類みてみろ」。「字が大きいですね」「そうだろう、糖尿病が目にきて大きな字でなければ読めない。こんな病人がこの困難な日本国をリードできないだろう、責任を全うできないだろう」。

すべての政治家は総理を目指す。権力を得るために競い合っている。しかし伊東は国民のためにその責任感から総理就任を断った。この話はよく若手の官僚、若手の政治家に話をした。大義を通す、筋を通した我々先輩の話を通じて元気を出してもらいたいからだ。よく勉強もしない政治家に怒鳴られ、答弁書を徹夜で書き上げ、外資系会社に入社したかつての同級生に比べ、はるかに低い給与に甘んじる今どきの官僚諸君を元気づけたい。

もともと国会論戦は政治家同士で行うということになっていたが、熟知していない件については、官僚が丁寧な答弁書を作成し説明する習慣となった。そこで私は大臣答弁を極力減らした。そのかわり、行政責任者である担当局長との論戦に臨んだ。局長はその分野のプロ、政治家は行政については素人。素人との論戦に勝てないようでは担当局長とは言えない。

私の官僚時代は、政治家と担当局長の論戦を大臣が聞いていて、その局長の力量を判断していた。逃げているか、まっとうな議論か、どのぐらい日頃の勉強をしているか分かるのだ。課題にただちに解答を出せるのは日頃検討しているからで、1週間かかるのは、まあまあ。最近は3か月かかっても解答が出ない例が多くなった。省庁の質が劣化している。なぜ劣化が起きるのか？　ほとんどの場合、能力で人事が決められるのではなく、上司となる大臣など政治家の好き嫌いで人事が行われていることを部下はよく見ている。これでは良き仕事をしようとの意欲は沸かない。

私の最後の仕事は医療的ケア児の支援策だった。霞が関の実務は30代の課長、課長補佐などの若手官僚だ。彼らに十分辣腕を振るわせる、かつての官僚のように。私と野田聖子はそのバックアップに回る。この手法が成功した。官僚たちの目つきが変わった。きっと将来の霞が関をしょって立つ人材が輩出される。現に2023年に新設された「子ども家庭庁」の課長たちは、私や野田聖子と医療的ケア支援法を作った仲間だった。新設役所に派遣される官僚はエリート揃い。将来を嘱望されている官僚たちだ。

（2）私の理想　秋山好古

日露戦争で当時最強と言われたコサックの騎兵隊を破った秋山好古《よしふる》、バルチック艦隊を破った弟の秋山真之が有名だが、私は兄の好古が好きだ。彼は日本の騎兵隊を完成させ、中将で退役する。その後故郷松山に帰り、かつて学んだ松山中学の校長となるのだ。故郷への恩返しだと言っていたそうだ。

私も期せずして好古の道を歩いている。

荒井ゼミはまだまだ続いている。

終章

現実論を大切にする政治

失敗から何を学び改革するか、観念論ではなく現実論を大切にする政治が必要だ。

ここにきて「第2自民党」と自称してきた維新でさえ、自民党の補完勢力とみなされたことから、その旧来の路線を野党寄りに変える兆しが出てきた。

政権交代の手段は明らかだ。野党勢力の結束だ。それが出来ないとすれば、国民のことを本気で考えていないということだ。野党政治家の資格がない。

1．なぜ国政では野党勢力が伸長しないのか

（1）行政データの独占と報道の自由

なぜ日本では野党勢力が育たないのか。議会制民主主義をとっている英国とどこが違うのか。野党勢力が総選挙で過半数を占める政権交代は、何故なかなか生じないのか。また数少ない政権交代をしても長続きしないのか。政権交代可能な小選挙区選挙制度に改変したが、期待どおりの政権交代が起きなかったのはなぜか。

一部の政治学者は「野党が実現可能な現実的な政策提言が出来ていないからだ」、マスコミは「野党勢力が分裂しているからだ」としている。しかし、その原因はどこにあるのかが議論されていない。政策提言については、ほとんどの行政的データは政府内にある。そのデータは与党が独占し、野党側に非公開にすることを、官僚を通じてコントロールしている。与党側に反して公開すると人事で、かたき討ちをされかねない。

本来、行政上の資料は国民の財産であって、一政党の独占を許すものではない。内閣人事局が出来てから独占の傾向は顕著になった。官僚側も与党体制が長続きすると見込めば、与党側に配慮せざるを得ない。議員の国政調査権は実質消滅している。

マスコミに対する締め付けも強化された。視聴者の受診料で運営されているNHKがあたかも国営放送のように扱われ、人事が自民党政権によってゆがめられている。英国のBBCと大きく異なる。与党の圧力は広告会社を通じて新聞社に、民放テレビには広告会社（東ねる電通）に加えて電波使用の許認可を通じてキャスターの交代などメディアへの圧力は露骨になってきた。

野党は与党の政策実施のチェックをするのが本来の役割だ。またマスコミも同じ役割が期待されている。与党幹部と会食したことをテレビで堂々と誇らしげに話をするジャーナリストは、欧米ではジャーナリストとは言わない。ハリウッド映画の『ペンタゴンペーパーズ 最高機密文書』を観ることを薦める。ワシントンポストの女性社主が、旧知の政府高官の圧力を跳ね返し真実を報道する実話に基づく映画だ。社主の夫の急死で経営困難になったワシントンポストを引き継ぐ新任社主。会社の立て直しをするため銀行を通じて増資を図らなければならない。ワシントンポストの報道は政府筋から、スパイ罪に該当するかも、増資が困難になるだろうとの圧力が加えられる。それを跳ね返し民主主義のよって立つ基盤は、アメリカ憲法に明記されている報道の自由、知る権利の行使だと述べて、極秘にされていた「ベトナム戦争は敗北する」との調査結果を公表するのだ。この事件がすごいのは、この報道を受けて地方紙をはじめほとんどの報道機関が賛意を示しワシントンポストに協力していったことだ。

いまや日本は知る権利、報道の自由が脅かされている。「国境なき記者団」によると、日本の報道の自由ランキングは世界70位で、主要7か国中最下位だ。かろうじて週刊誌、地方紙や地方放送局に報道の自由の精神が生き残っているにすぎない。民主主義の危機はまず報道の自由が奪われることから始まる。

(2) 国会の解散

国会の解散はほとんどの場合、憲法7条の天皇の国事行為の項目を適用して解散している。衆議院の解散とは一挙に国会議員の身分を奪うことだ。会社で言えば社長が社員を全員解雇することだ。常識的には会社が倒産するなど、相当な理由がなければ解雇出来ない。憲法上は衆議員の任期4年が全うされるか、内閣不信任案が議決されたとき、内閣は総辞職するか国会を解散できるとの憲法69条規定が適用されるということになっている。しかし戦後の解散のほとんどは、このまっとうな69条解散ではなく憲法7条による解散が行われた。1976年、保利茂が衆議院議長になった。その頃から福田赳夫総理は7条解散を模索した。保利は「解散権の恣意的な乱用は好ましくない」と繰り返し述べて7条解散を牽制した。7条解散は与党が選挙に勝つだろうと判断した時期に打つ。これでは与党の勝利は永続する。恣意的な解散権の乱用なのだ。英国ではこの乱用を防ぐため、実質野党の賛意を得て解散することにしていた。いまや先進国で内閣の自由裁量で解散できるとしている国は、日本とカナダだけにすぎない。解散総選挙は公設掲示板の設置など約400億円も国費がかかる。内閣の自由裁量で解散できるとすることは不当であり、政権交代のチャンスの芽を摘んでいる。憲法改定か国会法の改正で制限を加えるべきだ。

この7条解散を制限するチャンスがあった。2012年野田総理が7条解散をしようとした。時の衆議院議長は横路孝弘、横路の持論は7条解散は憲法違反だとしていた。自民党以外の総理が7条解散を国会に上程した初めてのケースとなった。横路はかつての保利茂のように解散権を恣意的に乱用すべきでないと説得すべきであった。少なくても国会開会のベルを押すべきではなかった。開会できなければ、世論は解散について議論するきっかけになったはずだ。その時、野田総理は横路議長を更迭する度胸があったとは思えない、ひょっとすると解散を思いとどまったかもしれない。当時、経済は上向きに転じていた。この解散によって選挙に強い横路も小選挙区で落選した。今までの「選挙に勝利するときに解散する」という自民党流と全く逆の時期を選んでしまった。自民党が驚いた。野党自民党にとって最も優位な時に解散したのだから。これで250人に達する仲間の議員の首が切られた。野田の責任は大きい。

(3) 国会の活性化とジャーナリズムの健全化

議会はイギリスのマグナ・カルタ、フランスのフランス革命で確立していく。きっかけはいずれも為政者が国民から徴収した税金を勝手に使ったからだ。つまり公平で公正な政治が行われなかったことから、議会制度は為政者の不公平や不公正をチェックするために生まれた。

立法府は、その公平な行政を担保するため、法律を作り予算案を作り、決算を確認する義務があるのだ。法律や予算案を行政府に執行させるのだが、その執行ぶりが不正や不公平が疑われれば、厳しくチェックしなければならない。それが立法府にいる議員の責任である。権力とは、批判勢力がないと不正不公平に陥りがちだ。だから立憲主義、法治主義が生まれ、権力をチェックする議会が生まれた。さらにジャーナリズムの存在意義もあった。また権力者も常に傲慢になったり、独りよがりになることの無いよう身を律していた。座禅をしたり論語を読んだりしていたものだ。逆に権力者は常に批判勢力を遠ざけようとする。その究極の形が独裁者だ。独裁者への常道は、

1．マスコミの統制、2．軍事力の拡大、3．警察による監視国家　にある。

・国会改革

なぜ重要案件に関し国会自体が主体的に議論しないのか。国会は政府の提案する法案を形だけ賛否を決めるだけの場に堕してしまっている。政府提案の法律は、与党の賛意を得てから国会に提出される仕組みなので、提案されれば原則成立してしまう。２０１１年原発事故が起きたとき私は、この原因究明は政府ではできない。政府が推し進めてきた原子力政策の失敗の原因を究明するには、政府から独立した機関でなければできないと直感した。国会に事故調査委員会を作って短期間で調査する仕組みを作らなければと感じた。当時野党である自民党の塩崎恭久と相談した。塩崎も菅政権では客観

的な調査ができないのではと疑問を持っていた。委員長に学術会議議長の黒川清を指名し、横路孝弘衆議院議長に答申する仕組みとした。国会が自律的に調査を開始した戦後初めての例となった。黒川レポートは国際的にも高い評価を受けた。しかし、その後、国会調査委員会はなかった。

英国ではイラクのフセインが大量破壊兵器を所有しているとして、ブレア政権が英国軍を参戦させた。しかし、その妥当性を議会自らが検証し、参戦は誤りだったと結論を得たのだ。

いま最も必要なことは「国会改革」だ。国会とは政府のためにあるのではなく、政府をチェックすることにある。しかも与野党問わずだ。しかし、今や与党は、単なる政府の応援団になってしまった。ここに政権が堕落していく最大の原因がある。なぜ日本の国会は、アメリカ議会のように常時、証人喚問をやらないのか。イギリス議会のように付属の調査会を開催しないのか（ブレアのイラク派兵は誤りであったことを専門家に調査させた）。我が国では原発事故の国会事故調査委員会が設置されただけではないか。

そしてマスメディアだ。この間、何人ものすぐれたジャーナリストが政府の圧力によってその活躍の場を失われてしまった。挙句には政府のリーク記事を垂れ流す始末だ。健全な批判精神なくして、優れた政府は作れない。優れた政府とは透明性が高く国民に信頼されていなければならない。ジャーナリズムが与党や政府の高官に批判されたとき、なぜ各メディアは、結束しなかったのか。各個に撃破されることを許したのか。日本のジャーナリズムが問われている。

2. 首班は誰だ

自公が来たるべき総選挙で過半数割れした場合、野党が一つになって政権を取るチャンスがやってくる。

政権交代の第1の条件は、7党1会派による細川連立政権を誕生させた小沢一郎のような、豪腕政治家の登場だ。

その大役を担うのは、立憲民主党の泉健太代表と岡田克也幹事長だ。泉と岡田は身を捨てて、政権の首班構想を打ち出さなければならない。もう一つのカギは、枝野幸男と前原誠司が、恩讐を超え、再び手を携えることだ。リベラルで共産党にも手を伸ばせる枝野。維新を招くことが出来る前原。二人はかつて日本新党で初当選し、その後、政治路線を一にしてきた。前原ならば小池百合子とも連携できるかもしれない。私は引退する時に前原、枝野に会って、もう一度、一緒になって政権交代をするべきだと言い残した。野党勢力をまとめきれるかどうかが最大の、そして最初の関門になる。現在の政治状況は公明党でさえ自民党との距離を取り始めた。自民党の補完勢力と見られることに危機感を持ったのだ。この点、維新が自ら「第二の自民党」と自民党と連携を公言することは信じられない。この「第2自民党」の路線を維持した場合、総選挙では思わぬ惨敗を招くことになるだろう。

第2の条件は、政権を長続きさせることだ。過去の政権交代は短命政権に終わってしまった。このため国民は、野党政権は政権担当能力がないと見なした。なぜ短命だったのか？はっきりしている。霞が関の協力を得られなかったからだ。行き過ぎた政治主導の負の側面が現出した。あるいは行政の未経験さだ。政権を取るとは、行政府を執ることだ。執っても的確に執行させることができなかった。自ら電卓をたたき、「一位ではなく二位ではいけないのですか」とマスコミ受けを狙ったパフォーマンスに終始した政治家、これが政治主導だと誤解していた。これでは、その政権は失敗に終わる。会社の社長が部下の部長以下社員を信用しないのだから、部下も熱意をもって仕事をするはずがない。政権交代時の過去の総理経験者をはじめ、政権中枢は大いなる反省と改善策を提示する義務がある。この意味で総理は行政の、あるいは大きな組織の経験者が良い。かつて自民党では総理の条件として外務大臣や大蔵大臣、そして党の幹事長経験を経なければならないとしていた。政権交代での総理の資格は大臣、各省庁事務次官や都道府県知事などの行政経験者が良い。

第3の条件は外交に通じていることだ。過去の鳩山政権、菅政権とも挫折の原因は、外交である。鳩山政権では普天間問題、菅、野田政権では尖閣問題だ。内政は野党内に多くの学識者がいるが、外交の経験者は多くない。これからの国際情勢は、複雑さを増していく。安全保障上の状況もロシアのウクライナ侵略やイスラエルのガザ侵攻で不透明さが一層増した。外交、安全保障の経験は、積み重ねの知識と経験、そして人脈が不可欠となる。米国からの安全保障上の強い要請、最も経済的関係の強い中国、緊迫する台湾海峡。また、急速に成長していくインド、中国からの圧迫を受けている東南アジア、そしてロシアと直面している欧州、世界の火薬庫である中東、地下資源の宝庫であって中国、欧州から熱い視線を浴びているアフリカや中央アジア。地政学的理解が不可欠である。「外交は選挙で票にならない」と言われ続けてきた政界。地政学的外交を経験する政治家の養成をしてこなかった。しかも外交は、強い内政を背景としなければ交渉はできない。経済的存在感が減少しているからこそ、外交的能力が政治家や政党に求められている。

こうしてみると政治家では、党首や外務大臣など主要大臣経験者である岡田、前原、枝野が適格者だ。もう一人、財務省や経済界に理解者の多い野田佳彦がいるが、彼は民主党を壊滅させた経緯を今もって何も語っていない。なぜ最悪の時点で解散を断行したのか。いまだに民主党落選議員には、深い傷跡となって残っている。この10年間、その責任をどうとってきたのか、猛省しなければならない。彼のために下働きをする政治家は多くないだろう。

行政官経験者では安倍政権に詰め腹を切らされた前川喜平元文科事務次官、北朝鮮問題をはじめアジア外交に活躍した元外務事務次官の藪中三十二立命館大学客員教授。地方自治体首長経験者では、熊谷俊人千葉県知事、大村秀章愛知県知事などが有資格者だと思う。ただし、この四人は次回選挙に立候補しなければならない。これを説得するのは岡田、泉しかいない。これらの幅広い人材が、少なくとも主要閣僚として政権交代に参加すれば、国民に安心感を与えるのは間違いない。

時間はそれほどない。共産党の関係では連合の理解を得るために枝野に、維新を野党側への糾合のためには前原に汗をかいてもらわなければならない。泉が直接、前川や藪中を説得する。熊谷や大村にも新政権に加わってもらう。しかも、それらの人を取り巻くキーとなる人々にも協力を仰ぐ。代表室や幹事長室に座って椅子を温めているだけではできない。全国を飛び回り、水面下で獅子奮迅の働きをしなければならない。やるのは今しかない。政権交代のお膳立て経験が豊富な小沢一郎にも、最後の汗をかいてもらおう。細川護熙、亀井静香、加えて鳩山由紀夫、菅直人、野田佳彦にもバックアップを頼み込む。

国民の求めることを実現するのが政治家だ。国民の間には三度目の政権交代にかけてみようとの機運がみなぎってきている。それを実現する政治家が過去のわだかまりや小事にこだわる余裕はない。命を捨てる覚悟で、自らの政治生命をかけて、挑戦をする時がやってきた。

3．過去の政権交代の失敗を教訓に何を心掛けるのか

(1) この政権は何を目指すのか

・内部の結束

過去の2回の政権交代は、現実的な政策というより理想論、観念論に傾きすぎた。政治は現実だ。

サプライズな政策でなければとの新規性にこだわりすぎた。この現実的な政策の立案には、霞が関の官僚を巻き込まなければだめだ。官僚と敵対していてはよい政策は作れないし実行もできない。国民は現在の困難な課題、たとえば年金の将来性、積もり積もって1000兆円を超えた巨大な国債などの問題をよく理解している。解決には、痛みを伴うことも知っている。だからこそ公平で説得力のある政権でなければならない。信頼のおける政治家からなる信頼できる政権だ。パフォーマンスやサプライズは必要ない。誠実で国民のために汗を流す政治家の姿を求めている。政治で金を儲けている政治屋とは対極にある。国民が政治家の集団である政党に求めることは結束だ。難しい課題を解決するには一致結束して対処しなければならない。一人の力は限られているのだから。会社が経営上、難局を乗り越えるのは、社長とそのもとに結集する社員だということを国民は、よく知っている。社員が副社長派と専務派に分かれて内部抗争している会社には未来がない。政党も特に野党系政党は絶え間なく内部抗争と分裂を繰り返している。難局を乗り越えるため、国民に理解と協力を呼びかけなければならない政党が自ら内部抗争を繰り返していては、国民の信頼は勝ち取れない。野党各党のまずやらなければならないのは内部抗争を止めてまとまることだ。リーダーが最初にやらなければならないのは、身を捨てて結束を呼び掛けることに尽きる。

（2）基本政策　目指す国の形

・経済政策

次に国の基本となる姿を示すことだ。私の提案は経済政策と外交政策、さらに財政政策と教育や福祉政策、農業政策についてである。経済政策ではアベノミクスで傷んだ経済体質を改善する。すなわちアベノミクスは財政法で禁じていた国債の日銀引き受けであるから、その行き着く先は悪性インフレであり、極端な円安となる。円安は消費財の高騰すなわちインフレを進行させてしまい、ますます貧富の差を拡大させている。アベノミクスの弊害を検証し、経済政策の大転換を図らなければならない。転換と言っても正道に戻ることだ。ようは企業を興し技術力を磨く。新規市場を開拓し拡大するしか道はない。

・外交政策と紛争仲介

次は外交政策だ。安全保障環境は緊迫しているとして、アメリカ依存一辺倒の外交を深めている。日本の防衛力は、国際的な防衛研究機関の発表では世界で7位である。英国並みだ。これ以上の防衛力は周辺国の緊張を招く。ロシアのウクライナ侵略により北欧のフィンランド、スウェーデンがＮＡＴＯに参加した。この結果、国際紛争の仲介をする国々がほとんどいなくなった。国連の影響力も激減した。

日本には明石康元国連事務次長などスリランカの内戦の調停に尽力した人々がいた。私がスリランカに滞在していた時、スリランカの人々に大いに信頼された。スリランカ人に聞くと「日本は軍隊をスリランカに派遣することを憲法で禁じた国です。ですから安心して信頼できるのです」と答えていた。日本こそ紛争の仲介を担える国なのだ。将来、緊迫するのはアメリカと中国だ。貿易取扱高の最も高いのは中国。その次がアメリカ。アメリカと中国が緊張関係を増して最も影響を受けるのは日本なのだ。

台湾有事が憂慮されているが、最も危機に陥るのは日本の海運業だ。輸入に依存している食料の取得が困難となる。何せ国内食料自給率は40％以下なのだ。6割の食糧の輸入が止まりかねない。石油はほとんど止まる。日本のエネルギー危機は深刻化する。台湾問題は自らのこととして中国、アメリカの仲介に汗をかかなければならない。

4．観念論でなく現実論を

四元義隆は現実を踏まえた行動以外認めなかった。観念論に浮かれている者を最も嫌った。政治とは現実でありそれを変える作業だ。

私の経営する保育園の卒園式、園長が6歳の子供たちに「よく見ること、よく聞くこと、そしてよく考えることを小学校に行ったら大切にしなさい」と言っていた。現実的行動の第一歩だ。一人の力は必ずしも大きくない。だからこそ組織力で向かうのだ。私は困難な事態に立ち向かうとき「チーム荒井」を作った。いや自然にできた。食の祭典の後始末でも、原発事故の後処理でもチーム荒井が出来た。友情さえできた。私の一生の宝物になった。

早急に「チーム野党」を作って、政策の具体策を検討する必要がある。時間は少ない。

・目的と手段

世界を見れば、ダンケルクの撤退を余儀なくされたウィンストン・チャーチルはアドルフ・ヒトラーからヨーロッパの侵略を防ぐため、蛇蝎のごとく嫌っていたソビエト連邦ヨシフ・スターリンと手を結ぶ。中国でさえ日本からの侵略を防ぐため、相闘っていた国民党と共産党が手を結ぶ。政権を取り戻すため自民党は、昨日の敵とさえ手を結ぶ。野中広務は政敵としていた小沢一郎に辞を低くして連立を頼む。

政治は目的を定めれば、手段を一直線に定めることが出来る。

自民党にできたことが野党にできないはずがない。三度目の政権交代へ、本気でわが身を捨てて挑戦してほしい。

出版にあたってのお礼

元政治記者であった北野宏明、元リクルートの営業マンであった増田円、わが娘船橋裕美子、そしてアイワード常務竹島正紀。短い時間で本書を書き上げるのに、大いなる協力を賜りました。ありがとうございます。

〈参考文献〉

資料

1. 内訟録　細川護熙　日本経済新聞
2. 民主主義のオデッセイ　山口二郎　岩波書店
3. 市民政治 50 年　菅直人　筑摩書房
4. 連立政権　草野厚　文春新書
5. 政治改革法案成立過程　成田憲彦　北大立法過程研究会
6. 郵便の歴史　井上卓朗他　鳴美
7. 郵政民営化のインパクト　土居丈朗　経済セミナー 612 号
8. 郵政民営化についての検証　立原茂　JP 総研 50 号
9. 北海道と中央政府の関係性　荒井聰　北海道自治研究 659
10. どうして春闘賃金引上げ闘争をしないのか　荒井聰　労働文化 300 号
11. 公職選挙法における連座制の合憲性　縣幸雄　大妻女子大学紀要
12. 戸別訪問禁止をめぐる国会審議　政策科学　立命館大学政策学会
13. 日本航空の再生について　航空局　国土交通省資料
14. 薬害エイズ事件について　国立国会図書館　社会労働調査室
15. 新成長戦略　閣議決定　2010.6.18
16. 民主党改革創生　党改革創生本部　2013.2.15

直言　荒井聰の体験的政権交代論

2024(令和6)年7月29日　第1刷発行

著　者：荒井　聰
発行元：株式会社 共同文化社
060-0033 札幌市中央区北3条東5丁目
Tel.011-251-8078 Fax.011-232-8228
https://www.kyodo-bunkasha.net/
印刷・製本：株式会社 アイワード

ISBN978-4-87739-406-6

■荒井聰衆議院議員活動の軌跡

年月	政治の動き	活動の軌跡
1992 (平成４)		
２月	・佐川急便事件	
５月	・日本新党結党	
６月	・PKO協力法成立	
７月	・参院選自民党復調 ・新党日本４議席獲得	
８月	・金丸自民党副総裁辞任	
12月	・宮澤喜一内閣発足	
1993 (平成５)		
１月	・クリントン大統領就任	
２月	・金丸氏脱税容疑で逮捕	
３月	・中国江沢民国家主席就任	◎北海道南西沖地震
６月	・都議選、日本新党躍進 ・宮澤内閣不信任案可決 ・新党さきがけ、新生党結党	1993年の選挙戦の最中に発生した。当選後、復興に全力を挙げる。細川内閣の代表幹事として奥尻を慰問した。
７月	・衆院選、新党ブーム ・北海道南西沖地震発生	■１期目（1993年７月—1996年９月） ◎日本新党ブーム・代表幹事（幹事長）就任
８月	・宮澤喜一内閣総辞職 ・細川連立内閣発足し、38年ぶりの政権交代	日本新党は当選した36名の議員全員が新人だった。官僚出身であり中央政界に精通していたことから代表幹事（幹事長）に抜擢された。党の責任者として日本新党と新党さきがけとの合流を目指すも小沢一郎の反対で失敗。枝野幸男、前原誠司、高見裕一と共に離党して、４人で「民主の風」という会派を結成。その後、さきがけに合流した。さきがけ解党後、北海道選出の鳩山由紀夫や当時一緒に仕事をしていた菅直人など、仲間とのつながりを重視して、1996年解散直前に旧民主党に参加した。日本新党時代に規制緩和に取り組んだ一つが、酒税法の改正、小規模ビール造りが可能となった。 (地ビール北見ビール)
11月	・欧州連合発足	
1994 (平成６)		
４月	・細川内閣総辞職 ・羽田孜内閣発足	
６月	・村山富市内閣発足 ・松本サリン事件 ・金日成死去	
12月	・新進党結党海部俊樹元首相が代表に就任	

年月	政治の動き	活動の軌跡
1995 (平成７)		戦後50年国会決議の与党座長の一人として社会党上原康助、自民党虎島和夫の超左派とウルトラ右派の調整を図った。 沖縄戦と長崎原爆を体験した二人は決して二度と戦争はあってはならない点で一致していた。 ◎NPO法の土台作り さきがけの党内議論の中で特定非営利活動推進法（通称、NPO法）の基礎を作った。 阪神淡路大震災をきっかけにボランティアの重要性を認識する。行政を補完する手段としてNPOという団体組織が注目され始め、法整備した。また、電話などの通信手段が閉ざされる中で、アマチュア無線が活躍し、一定エリアだけに電波が届くいわゆるミニFMの規制改革も進めた。 ミニエフエムラジオが、地域コミュニティ形成の一助につながった。
１月	・阪神淡路大震災 ・WTO発足	
３月	・地下鉄サリン事件	
４月	・東京都知事に青島幸男、大阪府知事に横山ノック当選	
６月	・戦後50年国会決議	
７月	・参院選、新進党躍進、与党過半数	
８月	・村山談話発表	
９月	・沖縄少女暴行事件	
1996 (平成８)		◎アイヌ問題 横路知事の企画室長時代から取り組んでおり、道庁にアイヌ新法対策室を作った。陳情団の団長としてアイヌ振興法について藤波孝生官房長官に陳情したことが、我が国最初の活動。自社さ政権では、アイヌ文化振興法を成立させるために、同じく北海道選出の池端清一、五十嵐広三、鳩山由紀夫と共に取り組んだ。萱野茂参議院議員が本会議において、史上初めてアイヌ語で質問に立った場面は感激、今でも鮮明に覚えている。ただ、文化振興だけで終わってしまったのは不十分であると思った。 ◎薬害エイズ問題 厚生委員会与党筆頭理事として、当時の菅直人厚生大臣を支え、薬害エイズ問題に取り組む。菅大臣は、いわゆる郡司ファイル
１月	・村山内閣総辞職 ・橋本龍太郎内閣発足	
９月	・民主党結党 ・鳩山・菅共同代表	

年月	政治の動き	活動の軌跡
		を公表するよう命じたが、裁判の被告人である厚労省は公表できなかった。菅大臣からどうすれば資料が出てくるか問われ「裁判が結審すれば資料は出せます」と進言した。菅大臣が謝罪した結果、条件付きで訴訟が取り下げになった。 菅大臣謝罪や和解成立のため、官僚経験を生かして与党と役所間の調整に奔走する。特に大蔵省と相談の上、財源面での条件整備を図った。また、病院との調整も担う。当時、ほとんどの病院は未知のエイズの恐怖心から診療を断っていたが、少なくとも国立や大学病院は診療するべきだと諭した。アメリカの薬剤を特別承認し和解を得られた。これが菅直人との初めての仕事であった。 ◎介護保険制度創設 薬害エイズ問題の道筋がついてすぐ、菅大臣から厚生省の長年の懸案であった介護制度を創設したいと提案された。 利害関係団体が多いため至難の業であることを伝え、保険の手段をとるしかないと話して了解を得た。 霞が関では、役所が法律の原案を作り、それを信任するのが通常の行政手法だが、審議会そのものが揉めてしまったために、その手法はとれなかった。医師会など利害関係者からの反発が相次ぎ、複数の意見を併記させる形でまとめてほしいと伝えた。 選択と決断が政治家の仕事であり、当時は自社さ連立政権だったので社会党の五島正規、自民党の衛藤征士郎と共に取り組んだ。 当初案では、20歳から被保険者になっていたが、それでは若い人の理解を得られないので、介護が身近になる40歳以降で決着させた。市町村長が要介護度を認定する仕組みは政治家の介入を招くのではないかと憂慮したので審査会方式を導入。健康保険料

年月	政治の動き	活動の軌跡
		に上乗せしたり、年金受取額の中から天引きして徴収するなどの工夫をした。 企業負担にもなるので経団連、通産省も反対した。経団連事務局を訪問し、約1,000～2,000億円の企業負担で、1兆円以上のマーケットが出来ると説明した。新産業のマーケットづくりに四苦八苦している経済界にとっても、有利ではないかと説得した。実際、今は10兆円を超える規模の市場になっている。こうして、介護保険制度が出来た。その年の秋に選挙があることが分かっていたのに、8月末まで法制度の要綱づくりに没頭し、1年生議員のくせに荒井が全然地元に帰ってこないといわれるほどだった。結果、1996年9月の選挙で落選。
10月	・衆院選、自民党単独内閣に	■浪人時代（1996年10月―2000年5月） ◎ひたすら地元を歩く 後援会を町内会ごとに30カ所以上作った。この時の地元回りが、のちの選挙活動の基盤になる。
1997 (平成9)		
5月	・ブレア英国首相就任	
7月	・香港がイギリスから返還される	
10月	・金正日総書記就任	
1998 (平成10)		
2月	・長野五輪	
4月	・新民主党結党、菅直人代表	
7月	・参院選自民党敗北、橋本内閣総辞職・小渕恵三内閣発足	
10月	・独シュレーダー政権発足	
1999 (平成11)		
1月	・自民・自由連立開始	

年月	政治の動き	活動の軌跡
4月	・石原慎太郎都知事誕生	
8月	・国旗国歌法案成立	
10月	・自自公連立開始	
2000		
(平成12)		
2月	・太田房江大阪府知事誕生	
4月	・保守党結党	
	・森喜朗内閣発足	
5月	・プーチン露大統領就任	
6月	・衆院選、与党絶対安定	■2期目（2000年6月—2003年11月）
	多数	◎奇跡の2期目の逆転当選
	・初の南北朝鮮首脳会談	当時自民党石崎岳は浮動票を取れる強力な
7月	・沖縄サミット	対抗馬だった。多くの政界関係者は石崎の
11月	・自民党加藤の乱	勝利を予想していた。
		◎拉致問題との出合い
2001		拉致被害者家族連絡会代表の横田滋は、札
(平成13)		幌南高校の大先輩。浪人時代であったが東
4月	・小泉純一郎内閣発足	京の高校同窓会で、廣田聡から横田を紹介
5月	・ハンセン病訴訟で国が	された。それ以降、廣田らと一緒に家族会
	敗訴	の街頭演説や署名活動をサポートし、札幌
7月	・参院選、自民党大勝	で横田の講演会を行った。再選後は、超党
9月	・米同時多発テロ	派の拉致問題議員連盟にも加入した。
		北朝鮮問題は、小泉政権における2002年の
2002		5名帰国以降、北朝鮮とのパイプが構築さ
(平成14)		れていない。アメリカ一辺倒のルートのみ
1月	・田中眞紀子外相更迭	ならず、中国ルートも探らなければと主張。
4月	・ゆとり教育開始	
5月	・日本経団連発足	◎国のかたち研究会の設立
	・日韓サッカーW杯	菅直人とは1期目から深くかかわっていた。
9月	・小泉首相電撃訪朝	当時、旧民主党の代表選出馬には20人の推
12月	・盧武鉉韓国大統領就任	薦人が必要で、若手議員の育成や推薦人確
		保も兼ねて、派閥（グループ）を作ること
2003		になり、江田五月（のちに参議院議長）と
(平成15)		共に菅を中心で支える役割を担い、事務局
1月	・北朝鮮NPT脱退宣言	長を担った。結果的に、旧社会党系でも労
3月	・米英イラク攻撃開始	組系でもないリベラル派のグループとなっ
4月	・日本郵政公社発足	て、政権奪取時には70名規模の大所帯に

年月	政治の動き	活動の軌跡
7月	・イラク復興支援特別法成立	なった。
8月	・6か国協議開始	◎IT基本法 成立のために党内調整に尽力した。民主党は、当時の森政権にダメージを与えるため法案に反対しようとしていたが、一部修正した上で、賛成の方向に党内議論をまとめた。 国家観の対立があるわけでも、労働者の雇用が失われる問題でもない。国民のために必要な法律だと思っていたため、無意味な対立を避けることに努力した。 ◎401K企業年金の創設 企業年金には確定拠出と給付の二つのタイプがあった。 すでに低金利時代であり、年金協会の破産倒産が相次いでいた。 そこで企業型拠出年金制度を創設した。今でもこれが企業年金の基礎である。とりわけ連合との調整にあたった。
11月	・衆院選、与野党伯仲 ・保守党解党 ・社民党新党首に福島氏	■3期目（2003年11月—2005年9月） ◎民由合併 強固な反対論が党内にもあったが、菅直人民主党代表と、小沢一郎自由党代表が合併に合意し、政権交代への布石となる民由合併が実現した。野党が大きな塊になることが出来た。
12月	・BSE問題で米牛肉輸入停止	
2004 (平成16)		
4月	・イラク邦人人質事件 ・閣僚年金未払い問題発覚	◎沖縄北方問題特別委員長に就任 3期目としては異例の大抜擢。北海道選出議員であるため、北方問題中心に取り組むとみられていたようだが、沖縄問題にも本腰を入れて取り組んだ。外務省出向時代のスリランカ大使館勤務での千葉一夫大使（当時）との出会いがきっかけで、沖縄問題は政治家としてのライフワークの一つとなった。 沖縄返還交渉の実務責任者であった千葉一夫の直弟子ということで、アメリカからも
6月	・年金改革関連法成立	
7月	・参院選、民主党躍進	
8月	・米軍ヘリが沖縄国際大に墜落	
10月	・プロ野球スト	
11月	・ブッシュ大統領再選	

年月	政治の動き	活動の軌跡
2005 (平成17)		外務官僚からも一目置かれたが、それに恥じない仕事ができた自負がある。 北海道に置かれた北方担当大使を沖縄担当に切り替え、基地周辺の人たちと米軍側との直接交渉を担う沖縄担当大使のポストを作った。最終的な目的は、今以上にタブー視されて共産党くらいしか取り上げなかった地位協定改定だった。実現はできなかったが、今では自民党内からも改正に向けた声が出ているくらいなので、確実に議論が前進している。 ◎北方領土問題 沖縄北方問題特別委員長の時、中国に外遊視察に行った。当時、中国とロシアの国境線（珍宝島を二分する案）が画定した。 中国共産党連絡部を訪れて話を聞き、北方領土問題の交渉進展を考える上での参考にした。結果的には島を半分に割譲していた。中連部は非常に友好的に教えてくれた。 ◎党役員室長 菅直人代表の最側近として、広報、財政、政権構想などの党内調整にあたる。子供手当や年金制度改革などの政策が、その後の選挙マニフェストの目玉公約になった。 外務省出向の経験を活かし、野党外交の礎の布石ともなった。 2005年には菅直人代表と共に、胡錦濤国家主席（当時）を訪問。当時の中国では北京でSARSが大蔓延しており、菅厚生大臣時代に厚生委員会与党筆頭としてO157対策にあった経験を伝えた。特に、市民に対して徹底的な情報公開するようにアドバイスをした。その翌日、胡錦濤主席は、情報隠蔽をしていた北京市長を罷免した。 その後中国のSARSは収まっていった。
2月	・京都議定書発効	
3月	・愛・地球博開幕	
4月	・個人情報保護法施行 ・首相官邸完成	
6月	・改正介護保険法成立	
8月	・郵政民営化関連法参院否決 ・衆議院解散 ・国民新党、新党日本結党	
9月	・衆院選、自民党大勝 ・民主党惨敗、岡田代表辞任 ・前原新代表就任 ・道路公団分割民営化 ・6か国協議初の共同声明	
10月	・自民党立党50年	
11月	・独メルケル首相就任	
12月	・日本の総人口初の自然減	

年月	政治の動き	活動の軌跡
2006 (平成18)		■４期目（2005年９月―2007年３月） ◎民主党代表選挙
１月	・共産党不破議長退任 ・ライブドア事件 ・日本郵政会社発足	菅直人陣営の事務局長を務めたが、小沢一郎新代表が誕生し、トロイカ体制（小沢代表、鳩山幹事長、菅代表代行）が確立する。
２月	・永田偽メール問題	菅は通算８回代表選に出馬し、４勝４敗
９月	・安倍晋三内閣発足	だった。
12月	・改正教育基本法成立	
		◎渡部恒三の下で国対委員長代理
2007 (平成19)		党内融和を目指す小沢新代表のサプライズ人事だった。永田偽メール事件で混乱した
１月	・防衛省発足	国会対策委員会の立て直しのために、与野
２月	・消えた年金問題	党調整にあたる。国対委員長の補佐役をし
３月	・夕張市財政支援団体に移行	た。「荒井君、与党国対の仕事は野党を分断すること、野党国対の仕事は野党を結束させること」という渡部の教えは、野党共闘や国会運営に対する考えの基盤となっている。政策畑が長く国対自体が初めての経験かつ通常国会後半からの登板と、とにかく異例ずくめの中を手探りで奔走した。 ◎議運筆頭 国会審議の駆け引きの中枢である議院運営委員会の筆頭理事として、与野党間の調整にあたる。引き続き国対も兼務したため、早朝から晩まで国会内に詰める日々だった。 ◎2007年北海道知事選落選 北海道の未来のために、培った経験を活かしたいという想いから出馬。981,994票を獲得するも現職２期目の高橋はるみに完敗。
５月	・国民投票法成立	■二度目の浪人時代（2007年４月―2009年８月）
６月	・サブプライムローン問題顕在化	◎どぶ板戦術を展開
７月	・参院選、民主党第一党に	二度目の浪人生活。白石、清田、豊平区の各町内会を一人ひとり訪ねる。１年間で
９月	・安倍内閣総辞職 ・福田康夫内閣発足	300人以上の町内会長に会うことができた。

年月	政治の動き	活動の軌跡
		地域の各公園前での辻立ち演説も行う。30以上の新後援会を組織することに成功し、再選した2009年衆院選挙では、全国4位の18万票を超える得票につながった。
2008（平成20）		
6月	・秋葉原無差別殺人事件	
9月	・福田内閣総辞職	
	・麻生太郎内閣発足	
	・リーマンショック	
11月	・オバマ大統領当選	
12月	・年越し派遣村設置	
2009（平成21）		
4月	・オバマ大統領、プラハ演説	
5月	・小沢一郎民主党代表辞任	
	・鳩山由紀夫新代表就任	
	・裁判員制度開始	
6月	・新型インフルエンザ流行	
7月	・都議選民主党第一党に	
8月	・みんなの党結党	■5期目（2009年8月—2012年12月）
	・衆院選、民主党大勝	◎民主党政権となり、鳩山政権発足。国政に返り咲き、鳩山政権の首相補佐官として、かねてより自民党や経済界から、民主党には成長戦略がないとの批判があり、民主党政権の国家戦略、成長戦略を担当する。日本経済がデフレであることを政府として初めて認めた。供給サイドではなく需要サイドに着目し、農林業、医療イノベーション、社会保障なども成長分野だとの観点からの新成長戦略を描いた。
9月	・鳩山由紀夫内閣発足	
	・自民党新総裁に谷垣禎一氏	
10月	・ノーベル平和賞にオバマ氏	
11月	・事業仕分け開始	
2010（平成22）		
1月	・ギリシャ危機	デフレを克服するには、生産過剰にあるのだから需要を拡大すべきと考えたからだ。所得の拡大、雇用の安定策に加え消費拡大策を中心に据えた。霞が関にとっては驚天動地の政策であり、政権内からも疑問の声
	・JALに会社再生法適用	
	・大阪維新の会結党、橋本代表	
4月	・宮崎県で口蹄疫流行	

年月	政治の動き	活動の軌跡
5月	・鳩山内閣が辺野古移設の方針を閣議決定 ・社民党連立離脱 ・英国キャメロン首相就任	があったが、丁寧な説得にあたり政策推進。総理指示で訪中し、第3回日中安全保障問題研究会に参加し、日中間のセカンドトラック再構築に努める。 沖縄基地問題で鳩山政権が倒れたのは痛恨
6月	・鳩山由紀夫内閣総辞職 ・菅直人内閣発足	の極み。もう少し根回しの政治を行うべきだった。次官会議の廃止など、霞が関全体
7月	・参院選与党過半数割れねじれ国会	を敵に回したことも失敗だった。当時もっと政権内でこの方針に異議を唱えるべき
9月	・尖閣諸島沖で中国船が海上保安庁巡視船に衝突	だったと反省している。 鳩山政権は全体的に理念だけが先行してしまったことが悔やまれる。
11月	・アウンサンスーチーの自宅軟禁解除	◎菅直人政権/内閣府特命担当大臣（国家戦略・経済財政政策・消費者及び食品安全）
2011(平成23)		国家戦略担当大臣として、鳩山政権に引き
1月	・アラブの春	続き、国家戦略、成長戦略を担当した。経
3月	・福島第一原発でメルトダウン事故 ・1都8県で計画停電	済財政白書・中期財政フレームを取りまとめ、デフレ克服のための個人消費の喚起など需要サイドからの成長を目指すべきだと
4月	・統一地方選で与党大敗	の内容だ。加えて、政権と霞が関の関係修
6月	・菅首相が退陣表明	復に汗をかき、事務次官会議を復活した。
7月	・なでしこジャパン優勝	代表選前には、小沢グループ、鳩山グルー
9月	・菅内閣総辞職 ・野田佳彦内閣発足	プの軽井沢での夏期研修会に足を運び、3名で会談。党内分裂の回避のため代表選候
11月	・大阪都構想に着手	補者の一本化に向けてぎりぎりまで奔走し
12月	・金正日総書記死去、後継に金正恩	たが失敗。 ◎新しい公共
2012(平成24)		日本新党時代にNPO法を成立させたが、日本には寄付文化がなかなか根付かなかっ
2月	・復興庁発足	た。そこで認定NPOフローレンスの駒崎
5月	・国内全ての原発が停止 ・プーチン露大統領に復帰	弘樹などに助言をもらいながら、岸本周平衆議院議員を中心に「休眠預金活用法」の議員立法成立に取り組んだ。
7月	・消費増税に反対し小沢氏ら国民の生活が第一結党	また、NPO助成予算の規模を大幅拡大。70億円規模の補助金を創出して、地域リーダーとなる起業人材育成を進めた。

年月	政治の動き	活動の軌跡
9月	・尖閣諸島を国有化 ・原子力委員会発足 ・自民党新総裁に安倍晋三氏	当時は画期的なことで、批判も受けたが、現在こども食堂が国内に3,000か所あることを踏まえても、新しい公共の理念を社会に浸透させたことの意義は大きかった。
10月	・EUがノーベル平和賞	認定NPO登録制度を整備したことで、一定の税制優遇も受けられるようになった。
11月	・習近平が中国共産党総書記に就任	
		◎衆議院内閣委員長・民主党原発事故影響対策PT座長 2011年3月11日、東日本大震災が発生。立法府の要である衆議院内閣委員長の職責にあったが、菅総理から直々に、原発事故問題に係る与党責任者を依頼され、党原発事故影響対策プロジェクトチームを発足。原子力事故損害賠償支援機構法を皮切りに、原子炉等規制法改正による40年廃炉ルールやバックフィット、原子力規制委員会及び原子力規制庁設置、放射性廃棄物の除染関連の法整備、憲政史上初の国会事故調設置など、以降、約1年がかりで数十本の法改正・法整備に全身全霊で駆けずり回った。内閣委員会では、子ども被災者支援法の全会一致成立に奔走。
		◎野田佳彦内閣/原発事故収束対策PT座長 国のかたち研究会として代表選で野田佳彦を事実上支援し、野田内閣が成立した。内閣委員長との原発PT座長の兼務だった。 福島第1原発の拙速な収束宣言、避難計画や地元合意など、安全に関わる条件整備が不十分なままの原発再稼働に与党内で猛烈反対した。電力が足りなくなるとの批判には、経済性よりも命を守ることの重要性を訴え、ピーク電力のカットなどの節電を積み上げれば足りるというデータを示し、法律を作るために議論を重ねた。電力改革及び東京電力に関する閣僚会合の議論では、のちの電力自由化の基礎が作られた。 また、福島に足しげく通った。県内の各除

年月	政治の動き	活動の軌跡
		染事務所の所長には、地域対策ができる農水省時代の後輩を派遣した。 当時、TPPと消費増税を巡り、党が分裂するほど激しい議論が起こっていた。TPPには、食糧安全保障と農家を守るという視点から反対した。デフレ下での尚早な消費増税にも反対の立場だった。総じて、民主党に対する風当たりは強かったが、粘り強く現実と向かい続ける姿勢によって、荒井個人としての信頼が損なわれることはなかった。 ◎再びの民主党代表選 菅政権は実現したので、国のかたち研究会の役目は終えたと考え、2012年９月の任期満了に伴う代表選では鹿野道彦を支援し、鹿野グループ（素交会）にも参画。 ◎2012年衆院総選挙 社会党時代から労組が強く、民主党王国と言われていた北海道においても、血しぶきが飛ぶような大逆風の選挙だった。 小選挙区制度が始まって以来、民主党北海道は全小選挙区で議席を失い、比例も２枠のみだった。周囲からは、選挙があまり強くない荒井が２議席目の比例復活に滑り込んだことが不思議だと評された。 実は福島の被災者の方々が手当たり次第に札幌の知り合いに電話をかけてくれていた。民主党惨敗の中で得た九死に一生の再選で、福島の被災者支援に全力を挙げること、再度政権交代可能な野党を作るために反自民勢力を結集させることを誓った。
12月	・衆院選、民主党大敗 ・自民党に政権交代 ・野田内閣総辞職 ・第二次安倍晋三内閣発足 ・都知事に猪瀬直樹当選	■６期目（2012年12月―2014年12月） ◎海江田体制での党改革創生本部事務総長に就任。 歴史的惨敗を受けて発足した海江田体制では、党再建が急務だった。役員室長と兼務で立ち上げた党改革創生本部では、国会議

年月	政治の動き	活動の軌跡
	・韓国大統領選、朴槿恵当選	員のみならず地方議員や有識者を含めた会議体を作った。 抜本的な改革案を提示したが、党執行部が採用に逡巡した。
2013 (平成25)		民主党政権の中枢にいたメンバーが表に出すぎているというのは、当時も今も変わっていないのが残念だ。
6月	・スノーデン事件	
7月	・参院選自民勝利ねじれ解消	
9月	・2020五輪開催地東京決定	◎国土交通委員会 この時期から国交委員会に属している。それまでは、国会会期ごとに様々な委員会に属していたが、民主党が大敗したこともあり、腰を据えて成長戦略に取り組みたいと考えるようになった。
12月	・特定秘密保護法成立 ・みんなの党分裂、江田ら結いの党結党	
2014 (平成26)		その中で、国民生活に直結する住宅など重要な産業分野を多く有し、キーを握っているのが国交省だった。
1月	・オバマケア適用開始	
2月	・都知事に舛添要一	
3月	・ロシアがクリミア編入	
4月	・消費税、8％に引き上げ	
6月	・イスラム国建国宣言	
7月	・集団的自衛権容認の政府見解を閣議決定	
9月	・香港雨傘革命	
11月	・沖縄県知事選で翁長雄志当選	
		■7期目（2014年12月—2017年10月） ◎2014年衆院総選挙 小選挙区では惜敗率92％で敗れた。野党結集が進まない弊害を強く感じ、自分が現役のうちに野党をまとめたいという気持ちが強くなった。加えて、この頃から近い将来の引退を意識し始めた。 だからこそ、最後にこの国に自分が残せることは何かを考え、実行するようになっていった。
2015 (平成27)		
1月	・パリシャルリーエブド襲撃	
4月	・統一地方選、与党勝利	
6月	・選挙権年齢を18歳に引き下げる改正公職選挙法成立	
9月	・安保関連法成立 ・改正派遣労働者法成立	
10月	・沖縄県知事辺野古埋立	

年月	政治の動き	活動の軌跡
	承認取り消し、国と訴	◎中古住宅市場整備/空き家対策
	訟合戦	民主党政権で福島の中間施設問題に取り組
	・マイナンバー制度施行	んでいたとき、あまりに所有者不明の土地
11月	・大阪ダブル選挙で維新	や空き家が多く、土地収用がなかなか前進
	圧勝	しなかった。この時、初めて日本の空き家
12月	・日韓外相慰安婦合意	が800万戸と知った。
	・衆院選、自民絶対安定	市区町村の判断で、危険な空き家を壊すこ
	多数獲得、民主微増	とが出来るという空き家対策支援法を全会
	・米、キューバ、国交正	一致で成立させた。私権制限を懸念する党
	常化	もあったが、かつての野党共闘で得た人脈
		をフル活用して直に説得にあたった。
2016		
(平成28)		◎災害対策/治水事業改革（流域治水）
1月	・マイナス金利政策導入	毎年集中豪雨などの災害によって1兆円以
4月	・パナマ文書公表	上の富が失われている。
	・熊本地震	農水省時代、ダムの専門家として河川協議
5月	・伊勢志摩サミット	も行ったが、ダムには治水と利水（発電）
6月	・英国国民投票でEU離	と農業、多目的の3種類がある。
	脱決定	ダム管轄の縦割り行政によって治水が思う
7月	・参院選、改憲勢力3分	ようにいかない側面が洪水の制御を妨げて
	の2獲得	きた。この問題を国会質疑で取り上げ続け
	・東京都知事に小池百合	たことで、発電用ダム農業用ダムが治水の
	子	役割も兼ねる流域治水の運用を開始した。
8月	・天皇陛下生前退位意向	ここに気象庁の気象観測精度を連携させる
	表明	ことで、的確な洪水対策が可能となる。
9月	・民進党新代表に蓮舫氏	
11月	・米大統領選トランプ当	◎JR北海道再建問題
	選	国鉄民営化から30年を迎え、少子化過疎化
		における地域の総合公共交通体系のあり方
2017		を見直すこの時期に、北海道選出議員とし
(平成29)		て赤字山積のJR北海道問題をまとめる必
2月	・森友問題が表面化	要性を痛感していた。
3月	・朴槿恵韓国大統領が罷	当時、廃線対象として話題になった日高線
	免	の利用者は高校生も多かった。選挙のため
5月	・仏大統領にマクロン当	ではなく国民のために働くのが国会議員の
	選	仕事であると、党派を超えて取り組んだ。
	・韓国新大統領に文在寅	幹線の鉄路はつながっていることに意味が
	・加計学園問題が表面化	あり、一度剥がしてしまった線路は永久に
6月	・テロ等準備罪成立	復活しない。駅は地域のコミュニティでも

年月	政治の動き	活動の軌跡
	・米パリ協定離脱を表明	ある。松田昌士・JR東日本元社長の助言を仰ぎながら、道内8路線13線区すべてに足を運び廃線対象路線に乗車して、現場の空気を感じた。地元の気持ちを大切にする政治を行うべきだ。数年がかりのプロジェクトとなったが、今年の通常国会でJR二島支援法が成立し、年間400億円、10カ年のJR北海道再建策がスタートした。 ◎党内で沖縄プロジェクト立ち上げ 党内で沖縄勉強会を発足（座長：細野豪志衆院議員)。 沖縄が独立国だった時代の歴史文化を5回に分けて学んだ。 沖縄問題に長く取り組んでいる革新系議員でさえも知らない話も多く、密度の濃い会となった。高良倉吉琉球大学名誉教授らゲスト講師も呼び、野党として安全保障問題の根幹にある沖縄にもう一度真摯に向き合う姿勢を作った。 歴史を学べば、なぜ沖縄にアメリカ基地が集中していて、沖縄の貧困率が高いのか分かる。今の立憲民主党内に、積極的に沖縄に向き合おうという姿勢が少ないのは非常に残念だ。国会議員であるならば、選挙区のみならず国全体のために働くということを肝に銘ずるべきだと考える。 ◎医療的ケア児との出会い（永田町子ども未来会議） 2015年、駒崎弘樹が運営するヘレンという日本で唯一の障害児専門保育園を視察し、「医療的ケア児」という問題に直面した。そこに、当選同期の自民党の野田聖子衆議院議員の息子もいた。政治家でありながら自分の息子も救えないのか問うと、野田から「あまり自分のこと過ぎてできない」といわれたので超党派の勉強会、永田町子ども未来会議を設立するに至った。6年越し
7月	・都議選都民ファースト躍進	
9月	・民進党新代表に前原氏 ・希望の党結党 ・立憲民主党結党	

年月	政治の動き	活動の軌跡
		の議論、数次の制度改正や運用改正を経て、本年６月に「医療的ケア児支援法」を全会一致で成立させた。社会の先端課題に向き合うための新しい政治ロールモデルをつくった。 ◎民進党結党（2016年３月） 野党再結集のための第一歩だったが、まだ気運も覚悟も不十分であったため、短命に終わった。党名や代表、人事で揉めるよりも、まずは大同団結することが大切だと感じる。 ◎民進党代表選 前原誠司、蓮舫が早々に出馬表明する中で、告示日ぎりぎりまで推薦人集めに奔走し、国のかたちのメンバーや福島伸亨や宮崎岳志、大西健介などの中堅メンバーと一緒になって、当時、当選３回の玉木雄一郎を担いだ。 選対本部長を担い、地元の党員や国会議員に働きかけた。 民主党政権時代には中枢にいなかった玉木のような若い議員が本気で出馬してくれたことが新風を起こし、国会議員票や地方議員票でも予想以上の得票を得た。 これを足掛かりに、玉木の知名度が上がり希望の党、国民民主党で代表として活躍しているのが喜ばしい。 ◎立憲民主党結党/2017年衆院総選挙 蓮舫代表辞任により行われた代表選では、野党再結集を期待して前原を応援した。前原体制が発足し、勢いに乗る小池都知事率いる「希望の党」に民進党が合流することになった。 野党大団結に政権交代の気運さえ出たが、排除発言で大失速。全員合流の約束が反故にされたため、私は立憲民主党への参画を

年月	政治の動き	活動の軌跡
		決断。北海道3区では全野党勢力が結集した結果、全国第6位の得票数で当選するに至った。 政策秘書加藤千穂、栃木県参議院選挙を闘う。惜しくも次点で敗退。 荒井事務所関係者では、梶谷、山根、松山道議会議員、川瀬東京区会議員など輩出。 加藤は医療的ケア児の事務局長として活躍。次回のチャンスに期待。
10月	・衆院選、自公で3分の2 ・立憲民主党躍進	■8期目（2017年10月—2021年10月） ◎不動産業界改革の重要性 日本では不動産業界が売り手と買い手の両方から手数料をもらう古い商慣行が残る。
2018（平成30）		国交委員会で赤羽大臣から規制を検討するという前向きな答弁を引き出した。健全な
3月	・森友問題を巡り財務省の文書改竄が発覚 ・米中貿易摩擦が激化	不動産取引推進に心血を注いだ亡き廣田聡の想いを引き継ぎ、この問題に取り組んだ。
6月	・改正民法成立、成人が18歳に ・働き方改革関連法案成立	◎立国合流による野党再結集 再び政権交代の受け皿となりうる「大きな塊」の野党を目指し、国民民主の大半と立憲が合流。一部の議員は国民に残ったが、
6月	・史上初米朝首脳会談	一定の方向性をつけることができた。
9月	・胆振東部地震、道内全域がブラックアウト	◎医療的ケア児の法整備拡充
12月	・改正出入国管理法成立 ・TPP発効	本年6月医療的ケア児支援法が成立し、地方自治体に地方交付税を措置する仕組みが出来た。4月施行の障害福祉報酬改定では、
2019（平成31/令和元）		ケア児の評価が初めて算定され、かつ看護師も手厚く配置されるようになった。今後、ケア児を預かる保育園が増えて保護者の離
1月	・毎月勤労統計不正発覚	職防止にも資すると期待する。
3月	・2019年度予算成立、初めて100兆円を超える	【引退を決意】
4月	・天皇が退位、退位礼正の儀が執り行われる	政治家は戦場カメラマンであるべき、戦場を駆け巡る体力に自信がなくなる。引退を
5月	・令和と改元、徳仁親王が天皇に即位	決意、後継は長男優を実質指名、世襲批判もあったが、高校の奇跡の復活に実績のあ
7月	・参院選、与党微減野党	る優が最適と判断

年月	政治の動き	活動の軌跡
	微増	
9月	・ラグビーW杯開催	■次世代に託す課題
10月	・消費税、10％に引き上げ	◎日米地位協定改正
		米国は同盟国である。強い信頼関係を築く
	・沖縄首里城が焼失	ためには、ドイツ、イタリア並みの地位協
		定水準にする必要がある。
2020		千葉一夫の意志でもあった。
(令和2)		今のままでは、沖縄県民の反発を買い、結
3月	・新型コロナ流行に伴う小中高の一斉休校	局日米関係を危うくする。
	・2020五輪の1年延期決定	◎野党結集
		小選挙区制度は、与党側が結束している。
4月	・新型コロナ感染拡大に伴う緊急事態宣言発令	これに対抗するには野党結束しかない。
		様々な経緯のある政党や支援団体の意向を
9月	・安倍内閣総辞職	乗り越え、結束するには、強い政治的リー
	・菅義偉内閣発足	ダーシップが必要だ。
11月	・大阪都構想の是非を問う住民投票で反対派が多数	
		◎難民対策
		世界に通用する国になるには、また少子化
		を乗り越えるには移民政策、その前段とし
2021		ての政策となる難民政策の抜本改革が必要
(令和3)		だ。
1月	・二度目の緊急事態宣言	ミャンマーそして今年になってウクライナ
4月	・衆院補選、参院再選挙で野党が全勝	難民が大量に発生する。将来は香港、台湾、
		ロシアなどからも移民の可能性もある。今
	・三度目の緊急事態宣言	のうちに移民政策を確立する必要がある。
7月	・四度目の緊急事態宣言	それが結局、少子化対策、減少労働力対策
	・都議選、自公過半数割れ	にもなるはずだ。もともと日本民族は縄文
		時代から移民によって構成されたとの学説
	・東京五輪・パラリンピック開幕	もある。多様な世界に生きるためにも必要
		なことだ。
		◎コロナ対策
		検査、隔離、消毒が原則。すべてが徹底し
		ていない。下水道の活用など、本来日本が
10月	・引退表明	得意なはず。行政機関の劣化を指摘。